HistoryCaps Präsentiert

Pompeji:

Eine Geschichte der Stadt und des

Ausbruchs des Vesuvs

Von Fergus Mason

BOOKCAPS

BookCaps™ Studienführer

www.bookcaps.com

© 2013. Alle Rechte vorbehalten.

Titelbild © satori - Fotolia.com

Tabelle des Inhalts

Über HistoryCaps

HistoryCaps ist ein Imprint von BookCaps™
Study Guides. Mit jedem Buch wird ein kurzer
Abschnitt der Geschichte rekapituliert. Wir
veröffentlichen ein breites Spektrum an Themen
(von Baseball und Musik bis hin zu Wissenschaft
und Philosophie). Schauen Sie also regelmäßig
in unseren wachsenden Katalog
(www.bookcaps.com), um unsere neuesten
Bücher zu sehen.

Einführung

Eine Bootsfahrt in die Mitte der Bucht von Neapel bietet eines der spektakulärsten Panoramen Italiens. Die zehn Meilen breite Bucht liegt an der Mittelmeerküste der Region Kampanien und bietet einen atemberaubenden Anblick. In den blauen Gewässern herrscht reges Treiben; Neapel ist einer der verkehrsreichsten Häfen Europas und fertigt mit Ausnahme von Hongkong mehr Passagiere ab als jeder andere weltweit. Viele italienische Kreuzfahrtgesellschaften haben hier ihre Basen, und ihre luxuriösen Schiffe pendeln ständig ein und aus. Manchmal mischen sich auch kleinere, schnittige, graue Schiffe darunter, denn auch die Sechste Flotte der US-Marine hat hier ihr Hauptquartier. Fähren, Touristenboote, Fischer und kleine Transporter tragen zu dem endlosen Schiffsverkehr bei.

Nördlich und südlich der Bucht ragen kleine Halbinseln in das Mittelmeer hinaus und weisen auf die dahinter liegenden Inseln hin. Die Inseln selbst sind lebendig. Im Norden trennt das winzige Procida mit seinen Fischerhäfen und der wachsenden Tourismusindustrie den Badeort Ischia vom Festland; im Süden liegt das wunderschöne Capri, eines der beliebtesten Sommerziele der Region.

Im Landesinneren der Bucht ist das Land etwa zehn Meilen lang flach und hügelig, bevor es zu den scharfen Kämmen der kampanischen Massive ansteigt. Diese dicht bewaldeten Hänge sind ein Überbleibsel der letzten Eiszeit, aber jetzt sind sie mit kleinen Dörfern und Sommerhäusern übersät, in denen sich die Italiener entspannen. Auch Touristen genießen sie, und ihr Geld ist ein willkommener Impuls für die lokale Wirtschaft. Das Herzstück der Landschaft ist jedoch der Vesuv. Sein Gipfel erhebt sich über 4.200 Fuß aus der Küstenebene, nicht hoch im Vergleich zu den Rocky Mountains, aber umso beeindruckender, wenn man bedenkt, dass seine unteren Hänge an der Küstenlinie enden. Es handelt sich um einen Sattelberg mit zwei Gipfeln - dem hohen Gipfel des Vesuvs selbst und, im Norden, dem Kamm des Monte Somma, der bis zu 3.770 Fuß hoch ist. Von überall in der Bucht und sogar weit im Landesinneren dominiert er die Silhouette. Rund um seinen Fuß erstreckt sich ein

Ballungsgebiet - der Großraum Neapel - mit über vier Millionen Einwohnern.

Die Städte rund um die Bucht umfassen das gesamte Spektrum von Fischerdörfern bis hin zur Stadt und dem Hafen von Neapel selbst. Aus der Ferne bietet jeder von ihnen ein malerisches mediterranes Bild mit vielen pastellfarbenen Gebäuden und roten Ziegeldächern. Bei näherem Hinsehen wirken viele der Häuser und Geschäfte ein wenig heruntergekommen und vernachlässigt. Einige dieser Dächer sind gar nicht aus Ziegeln, sondern aus Wellblech, und sie sind rot und rostig. Seltsamerweise schmälert das schäbige Aussehen aber nicht den Reiz. Alles ist durchdrungen von einem fröhlichen, überschwänglichen Chaos, das typisch italienisch ist. Der Beton mag bröckeln, und die Hälfte der Autos hat Beulen an den Ecken, aber es ist ein Ort, an dem man gerne lebt.

Nur weil in der Bucht das Leben brummt, heißt das natürlich nicht, dass hier nicht auch Gefahren lauern. Es ist eine der korruptesten Städte Europas, und in Süditalien hört die Korruption nicht beim Weiterreichen brauner Umschläge auf. Die gefürchtete Camorra, eines der ältesten und größten organisierten Verbrechersyndikate Italiens, beherrscht die lokale Wirtschaft. Sie zu durchkreuzen kann tödlich sein, und ihre "Abfallbeseitigungs"-Geschäfte lassen manchmal Teile von Neapel wochenlang unter Müll begraben.[i]

Noch bizarrer ist, dass man glaubt, dass 20 Atomsprengköpfe im Schlamm auf dem Grund der Bucht vergraben liegen. Sie wurden im Januar 1970 von einem sowjetischen U-Boot platziert. Der Plan war, dass sie im Falle eines Krieges ferngezündet werden könnten, um das Hauptquartier der Siebten Flotte und alle in der Bucht ankernden Kriegsschiffe zu zerstören.[ii]

Als die Neapolitaner von den Sprengköpfen erfuhren, gab es nicht die Aufregung, die man normalerweise erwarten würde. Es wäre natürlich, wenn die Menschen in Panik geraten würden, wenn sie erfahren würden, dass 20 rostige sowjetische Atomsprengköpfe vor ihrer Haustür stehen, aber im Großen und Ganzen zuckten die Neapolitaner nur mit den Schultern und tranken wieder ihren Espresso. So erstaunlich es auch klingen mag: Wenn man am Golf von Neapel lebt, muss man sich keine Sorgen um ein paar verstreute Massenvernichtungswaffen machen, die irgendwo auf dem Meeresgrund vergraben sind. Die wirkliche Gefahr liegt offen zutage.

Von der Bucht aus sieht der Gipfel des Vesuvs wie ein runder Kegel aus, aber er ist es nicht. Er ist eine teilweise eingestürzte Hohlkuppel, deren zerbrochene Spitze eine dickwandige Felsenkammer offenbart, die mit dampfendem Sand bedeckt ist. Der Vesuv ist ein aktiver Vulkan, eine geothermische Bombe von unbeschreiblicher Kraft. In den letzten 2.000 Jahren ist er 56 Mal ausgebrochen, davon drei Mal im 20.th Jahrhundert. Die letzten 55 Ausbrüche waren relativ klein, aber selbst dabei kamen Hunderte von Menschen ums Leben, und bei einem Ausbruch im März 1944 wurde ein Großteil der Flugzeuge einer USAAF-Bombardierungsgruppe zerstört. Das war der letzte Ausbruch, und seit fast 70 Jahren ist es ruhig um den Vesuv geworden. Das ist ein schlechtes Zeichen. Tief unter dem Berg kochen die Gase in einem Reservoir aus geschmolzenem Gestein und erhöhen den Druck an den oberen Hängen stetig bis zu einer unabsehbaren Bruchstelle. Eines Tages -

niemand weiß, wann - wird der Vesuv eine gewaltige Feuer- und Gesteinswelle entfesseln und die gesamte Küste der Bucht mit einer Sense vom Leben befreien.

Sie hat es schon einmal getan.

Teil I: Frühgeschichte

In den Jahrhunderten vor dem Aufstieg Roms war Italien ein verrücktes Flickwerk von Königreichen. Die Bevölkerung war eine Mischung aus italischen und außereuropäischen Völkern, wie den Etruskern. Die Königreiche standen sich oft feindlich gegenüber, trieben aber gleichzeitig regen Handel miteinander und mit Stämmen außerhalb Italiens. Die Landkarte war nie lange statisch, denn immer wieder tauchten neue Völker auf, teilten sich und verschwanden wieder. Zu Beginn des ersten Jahrtausends v. Chr. tauchte in der südlichen Hälfte des italienischen Festlands eine italische Gruppe auf, die als Osci bekannt war. Ihre Ursprünge sind nicht genau bekannt, aber man hat Überreste ihrer Siedlungen in der gesamten heutigen Region Kampanien gefunden, und zusammen mit späteren Aufzeichnungen lassen sich viele Details zusammensetzen. Irgendwann im 7.th oder 8.th Jahrhundert v. Chr. gründete eine Gruppe von Osciern eine Siedlung an der Westküste, in einer herrlichen Bucht, in der griechische und phönizische Schiffe manchmal bei schlechtem Wetter Schutz suchten. Es war ein idealer Ort für einen Hafen. Er lag an einer Kreuzung zwischen Nola, Stabiae und der griechischen Enklave Cumae, so dass die Bewohner mit ausländischen Seeleuten Handel treiben und ihre Waren an die umliegenden Städte verkaufen konnten.

Der Hafen scheint in den nächsten Jahrhunderten geblüht zu haben, aber in dem feindseligen politischen Umfeld Italiens erregte dieser Wohlstand die Aufmerksamkeit von Außenstehenden. Die Etrusker eroberten die Stadt im 6.th Jahrhundert,[iii] und beherrschten sie lange genug, um ihren eigenen Friedhof anzulegen und Inschriften zu hinterlassen. Innerhalb weniger Jahrzehnte wurde die Stadt erneut erobert, dieses Mal von den Griechen aus Cumae, und im 5th Jahrhundert v. Chr. fiel sie an die Samniten. Die Samniten waren eng mit den Osciern verwandt und sprachen dieselbe Sprache. Es ist wahrscheinlich, dass die Stadt, die zu diesem Zeitpunkt als Pompeia bekannt war, trotz der Vergrößerung durch ihre neuen Herrscher zu ihrer ursprünglichen Kultur zurückkehrte.

Rom

In Italien waren die Dinge jedoch im Umbruch. Rom, einer der vielen Stadtstaaten der Region, war Mitte des 8.th Jahrhunderts v. Chr. in der Nähe einer Furt am Tiber gegründet worden und wuchs seither langsam. Die Etrusker hatten es seit dem späten 7th Jahrhundert beherrscht, aber sie hatten nie eine direkte Herrschaft ausgeübt; Rom hatte seinen eigenen König und konnte ungestört ein eigenes politisches System entwickeln. Der Senat wurde fast sofort gegründet, als Rom groß genug wurde, um eine Regierung zu brauchen, und bestand aus einem Gremium der angesehensten Bürger der Stadt. Er verfügte über bemerkenswert wenig wirkliche Macht, da diese größtenteils in den Händen des Königs lag, aber es sah zumindest wie ein echtes Regierungssystem aus.

Der Einfluss der Etrusker schwand langsam, während Rom weiter wuchs. Der siebte König der Stadt, Lucius Tarquinius Superbus, führte eine Reihe erfolgreicher Kriege gegen benachbarte Staaten. Außerdem gab er mehrere große öffentliche Bauprojekte in Auftrag, darunter das Abwassersystem der Stadt und den Ausbau des Circus Maximus, der später zum größten Sportstadion der Menschheitsgeschichte werden sollte. Tarquinius hatte jedoch nur wenige Freunde und schuf sich schnell eine große Zahl von Feinden. Er hatte seinem Vorgänger (und Schwiegervater) Servius Tullius den Thron von Rom entrissen und ihn dann ermorden lassen. Er hatte die Reichen gegenüber den einfachen Bürgern Roms bevorzugt und setzte Gewalt und Einschüchterung ein, um an der Macht zu bleiben. Außerdem ignorierte er die Traditionen der Stadt, setzte sich über den Senat hinweg und brach ungestraft das Gesetz. Schließlich vergewaltigte sein Sohn Sextus Lucretia

Collatina, eine Frau aus einer einflussreichen Familie, und versuchte dann, sie durch Drohungen zum Schweigen zu bringen. Stattdessen rief sie ihre Familie zusammen, erzählte ihr, was geschehen war, und beging dann mit einem Dolch Selbstmord.[iv]

Die Verwandten von Lucretia waren über das Verbrechen empört, wussten aber, dass der König seinen Sohn schützen würde. Der König war jedoch nicht in der Stadt, und die Regierung war verwundbar. Lucretias Ehemann Lucius Tarquinius Collatinus und sein Cousin Lucius Junius Brutus - beide ebenfalls Verwandte des Königs - führten eine Gruppe von vier Personen an, die die Stadttore verriegelten, Sextus vertrieben und eine republikanische Regierung auf der Grundlage des Senats bildeten. Die neue Regierung wurde von zwei Konsuln angeführt, die jeweils vom Senat gewählt wurden und jede Anweisung des anderen aufheben konnten. Es handelte sich um eine frühe Form der gegenseitigen Kontrolle, die verhindern sollte, dass ein einzelner Mann die absolute Macht ausüben konnte, und die über 450 Jahre lang Bestand haben sollte. Die römische Republik war geboren.

Die Republik war stabiler als ihre Nachbarn und eher in der Lage, ein langfristiges Ziel zu verfolgen. Sie war auch in der Lage, sich selbst wirksam zu verteidigen, da sich eine ausgebildete Bürgerarmee herauszubilden begann. Allmählich begann Rom, mehr Einfluss auf die ständigen Kriege zu nehmen, die in ganz Mittelitalien ausbrachen, selbst wenn die Gegner auf dem Papier viel stärker aussahen. Im Jahr 343 v. Chr. griffen die Samniten, zu diesem Zeitpunkt ein großer und mächtiger Bund, der einen Großteil Mittelitaliens kontrollierte, mehrere Stämme in Nordkampanien an. Sie überrannten rasch mehrere kleine Königreiche der Kampaner und belagerten schließlich den wohlhabenden Stadtstaat Capua. Da die Campani keine andere Wahl hatten, wandten sie sich an Rom und baten um Hilfe. Die Römer hatten jedoch einen Vertrag mit den Samniten, in dem der Fluss Liris als Grenze zwischen ihren Einflussgebieten festgelegt war, und die Campani befanden sich auf der anderen Seite des Flusses. Der Senat war von dem Gedanken an ein Bündnis mit den wohlhabenden Campani angetan, doch um den Vertrag einzuhalten, mussten sie die Anfrage ablehnen. Die Ablehnung beendete die letzte Hoffnung der Campani auf einen Sieg gegen die Samniten, so dass sie nun ihre letzte Karte ausspielten - sie ergaben sich bedingungslos. An Rom.

Das änderte alles. Durch ihre Kapitulation waren die Campani Untertanen Roms geworden, und ihr Land war Eigentum der Republik. Die römische Ehre ließ nicht zu, dass die Samniten ihren Angriff fortsetzten, egal, was der Vertrag besagte. Deshalb wurden Gesandte zu den Samniten geschickt, um ihnen die neue Situation zu erklären und sie zu bitten, angesichts der Freundschaft zwischen den beiden Mächten das Land der Campani in Ruhe zu lassen. Die Botschaft endete mit vier Buchstaben, die den eindringenden Stammesangehörigen wahrscheinlich nichts sagten, die aber in der gesamten antiken Welt als Symbol für die ultimative Macht gelten sollten. *Senatus Populusque Romanus*, der Senat und das Volk von Rom, stellten die Forderung. Wie die Samniten bald erfahren sollten, konnte eine Forderung, die mit SPQR gekennzeichnet war, nicht leichtfertig ignoriert werden.

Rom war jedoch nicht das, was es einmal werden sollte. Es war ein kleiner Staat, der sich auf eine einzige Stadt konzentrierte, und während seine Nachbarn lernten, dass die gut ausgebildeten römischen Truppen ein nützlicher Verbündeter sein konnten, fürchtete niemand ernsthaft die kleine Republik. Tatsächlich hielten die Falerii seit 40 Jahren einen unruhigen Waffenstillstand mit Rom aufrecht und weigerten sich, ein dauerhaftes Friedensabkommen zu unterzeichnen, und die Latiner planten sogar einen Angriff auf die Republik. Nun glaubten die Samniten, das Getöse des Senats und des Volkes ignorieren zu können; ihre Magistrate ordneten einen erneuten Angriff auf Capua an und sorgten dafür, dass die römischen Abgesandten sie dabei hörten.

Rom mochte klein sein, aber es war entschlossen, und die Weigerung der Samniten spornte die Republik zum Handeln an. Beide Konsuln übernahmen das Kommando über Armeen und marschierten gegen die Samniten. Der eine zog nach Kampanien, um die Belagerung von Capua zu durchbrechen, der andere marschierte in Samnium selbst ein. Die Samniten nahmen die Herausforderung gerne an, aber es kam anders, als sie erwartet hatten. Die Römer besiegten die Armeen der Angreifer in drei Schlachten und die Samniten zogen sich zurück. Die Campani wurden zu römischen Verbündeten, und die Falerii, die über die militärische Leistung Roms erschrocken waren, stimmten eilig einem formellen Friedensvertrag zu. Die Latiner suchten sich ein leichteres Ziel und griffen stattdessen die Paeligni an. Plötzlich war Rom eine bemerkenswerte Macht in Mittelitalien, und andere Staaten begannen, sich vorsichtiger um sie herum zu bewegen. Rom war zwar immer noch keine dominierende Macht, nicht einmal die erste unter Gleichen, aber seine Nachbarn begannen, es ernst zu nehmen. Auch der Einfluss Roms hatte sich ausgeweitet, und viele Städte, die den Samniten treu gewesen waren, passten sich der neuen Realität an. Eine von ihnen war Pompeia. Die Stadt - und der Rest Kampaniens - blieben weitgehend unabhängig, aber ihre Wege waren zunehmend an Rom gebunden. Das hatte Vorteile für einen finanzstarken, aber militärisch schwachen Staat, brachte aber auch Gefahren mit sich. Als 310 v. Chr. ein zweiter Krieg zwischen Rom und Samnium ausbrach, landete eine Gruppe römischer Marinesoldaten in der Nähe von Pompeia und plünderte die Stadt.[v]

Die Meeresbewohner

Rom gewann auf der italienischen Halbinsel an Macht, doch die unangefochtene Supermacht des westlichen Mittelmeers war Karthago. Es wurde 814 v. Chr. als Dependance des Staates Tyrus gegründet und wurde um 650 v. Chr. unabhängig. Wie Tyrus war auch Karthago eine phönizische Stadt, und das prägte ihren späteren Aufstieg. Die Phönizier stammten von den Kanaanitern ab, die seit etwa 8.000 v. Chr. die südöstlichen Ufer des Mittelmeers besiedelt hatten. Im späten zweiten Jahrtausend v. Chr. begannen die Kanaaniter, sich in verschiedene Völker aufzuspalten. Die Israeliten entstanden um 1 300 v. Chr. und beherrschten das Gebiet des heutigen Israel und das Westjordanland. Die Königreiche Aram-Damaskus, Ammon, Moab und Edom besetzten die höher gelegenen Gebiete zwischen dem Jordan und den Grenzen des assyrischen Reiches. Sie waren allesamt Landmächte, und ihre ständigen Streitigkeiten verhinderten, dass eines von ihnen große Bedeutung erlangte. Die Phönizier kontrollierten nur einen winzigen Landstreifen an der heutigen libanesischen Küste, und um ihren Mangel an Territorium auszugleichen, wandten sie sich dem Meer zu. Sobald sie sich auf einem Schiff befanden, waren sie nicht mehr von eifersüchtigen Königen und aggressiven Priestern eingeengt, und sie konnten das ganze Mittelmeer umrunden. Karthago wurde zwar von Tyrus gegründet, lag aber 1.400 Meilen westlich von Tyrus.

Karthago brach im 7th Jahrhundert v. Chr. mit Tyrus und begann, selbst zu expandieren. Tingis (heute Tanger), gegründet im späten 6th Jahrhundert v. Chr., markierte die westliche Grenze der phönizischen Zivilisation - es liegt an der Straße von Gibraltar, 900 Meilen von Karthago entfernt. Nach der Gründung von Tingis blickten die Karthager auf den kalten Atlantik, der ihnen für ihre eleganten, schnell rudernden Galeeren zu bedrohlich erschien, und wandten sich stattdessen nach Norden. Die Überquerung der Meerenge war für sie ein Leichtes, und ihre Expansion nahm wieder an Fahrt auf. Diesmal zogen sie zurück nach Osten, trieben Handel mit den Völkern, auf die sie trafen, und gründeten unterwegs ihre eigenen Städte. Im 4th Jahrhundert v. Chr. gehörten ihnen die gesamte Südküste Spaniens, alle großen westlichen Mittelmeerinseln - die Balearen, Korsika und Sardinien - und der größte Teil Siziliens. Es war Sizilien, das schließlich zu ihrem Untergang führte.

Nach dem Krieg mit den Samniten hatte Karthago Rom eine goldene Krone geschickt, um ihm zu seinem Sieg zu gratulieren. In den 80 Jahren, die seither vergangen waren, hatte Karthago seine Expansion im westlichen Mittelmeerraum fortgesetzt und Rom sein Territorium in Italien vergrößert, aber es war nur selten zu Zusammenstößen zwischen den beiden Ländern gekommen. Roms Stärke - einschließlich seiner sich entwickelnden Armee - lag ausschließlich auf dem Land, während Karthago fast ausschließlich eine Seemacht war, die sich auf Söldner stützte, wenn eine Armee benötigt wurde. Das Konfliktpotenzial zwischen den beiden Ländern war gering, und die Beziehungen waren im Allgemeinen gut. Im Jahr 281 v. Chr. entbrannte jedoch ein kleiner Krieg zwischen Rom und dem Staat Tarent. Er weitete sich schnell aus, da die Verbündeten beider Seiten mit hineingezogen wurden. Tarent wandte sich an die mächtigen griechischen Kolonien in Süditalien, während Rom sich auf die Seite Karthagos stellte.

Die römische Armee hatte sich reformiert und verwendete nicht mehr die Hoplitenformationen griechischen Stils, die das Römische Reich und die frühe Republik von den Etruskern übernommen hatten. Die Truppen wurden nun in Einheiten von etwa 5.000 Mann, den Legionen, zusammengefasst. Ihre Organisation und Taktik waren im Vergleich zu dem, was sie später werden sollten, noch sehr grob, aber ihre Armee hatte sich bereits gegen die anderen italischen Staaten bewährt. Sie waren jedoch immer noch eine lokale Macht und hatten sich nicht in die größeren Angelegenheiten der dominierenden griechischen und phönizischen Staaten eingemischt. Nun holte Tarent griechische Verbündete vom Festland ins Land, darunter den ehrgeizigen König Pyrrhus von Epirus. Pyrrhus sah eine Chance, Land in Italien zu erobern, vielleicht sogar Rom. Daraus wurde jedoch nichts. Pyrrhus errang zwar Siege, aber sie waren kostspielig - der Begriff "Pyrrhussieg" stammt von den Worten des Pyrrhus, als ihm ein

Gefolgsmann zu seinem Sieg über ein römisches Heer gratulierte: "*Wenn wir in einer weitere Schlacht mit den Römern siegreich sind, werden wir völlig ruiniert sein.*"[vi] Das Problem war, dass die Griechen, die es eher gewohnt waren, große Kriege zu führen, die Schlachten gewannen, aber ihre Armee bestand nur aus 25 000 Mann. Die Römer hatten zehn Legionen, also mehr als 50.000 Mann. Sie konnten immer wieder besiegt werden, aber sie organisierten sich einfach neu und griffen unerbittlich an. Im Jahr 278 v. Chr. führte Pyrrhus sein Heer nach Sizilien, um den dortigen Griechen im Kampf gegen die Karthager zu helfen, und die Legionen vernichteten sofort seine Verbündeten in Süditalien. Schließlich kehrte Pyrrhus 275 v. Chr. auf das Festland zurück, um eine letzte Schlacht gegen Rom zu schlagen. Diesmal gelang es den Römern, die nach fünf Jahren Krieg erfahrener waren, die Griechen bis zum Stillstand zu bekämpfen. Pyrrhus sah die Zeichen der Zeit erkannt und verließ Italien für immer, während die Römer die letzten griechischen Kolonien im Süden überrannten.

Karthago muss vernichtet werden

Rom und Karthago waren während des Pyrrhischen Krieges Verbündete gewesen, doch nun standen sie sich über die Straße von Messina gegenüber, die die Legionen in Roms neuem Gebiet von den karthagischen Kolonien auf Sizilien trennte. Es dauerte nicht lange, bis ein neuer Konflikt ausbrach. Um 290 v. Chr. hatten die Mamertiner, eine Gruppe italienischer Söldner, die Stadt Messana (heute Messina) erobert und sie zu einem Stützpunkt für Raubzüge und Piraterie gemacht. Im Jahr 270 v. Chr. landete ein griechisches Heer aus Syrakus und griff die Mamertiner an, die die übrigen griechischen Städte auf Sizilien geplündert hatten. Zuerst baten die Mamertiner um karthagischen Schutz, dann änderten sie ihre Meinung und wandten sich an Rom. Das Heer von Syrakus schloss sofort ein Bündnis mit den Karthagern, was Rom zum Handeln zwang. Die Römer waren nervös wegen ihrer neuen Rolle als wichtiger Akteur in der Geopolitik des Mittelmeerraums und wollten keine potenziell feindliche Macht auf Sizilien haben, weshalb sie eine Garnison zur Besetzung von Messana entsandten. Die Spannungen stiegen schnell an, und 264 v. Chr. brach der Krieg zwischen Karthago und Rom aus. Die erste bedeutende Schlacht fand erst 262 v. Chr. statt, als ein römisches Heer ein karthagisches Heer im Westen Siziliens besiegte. Karthago beschloss zu diesem Zeitpunkt, die Konfrontation mit der Macht der Legionen zu vermeiden und den Krieg auf See zu führen. Die kleine römische Flotte wurde 260 v. Chr. besiegt, doch anstatt die Überlegenheit der karthagischen Flotte zu akzeptieren, begann Rom mit dem Bau einer riesigen neuen Flotte, die auf dem Design einer erbeuteten karthagischen Galeere basierte. Die Geschwindigkeit dieser Expansion war unglaublich - 120 Kriegsschiffe wurden in nur 60 Tagen gebaut. Durch den Einsatz von Legionären als Marinesoldaten gewannen sie auch auf See schnell die Oberhand. Nach einer Reihe von Niederlagen unterzeichnete Karthago

241 v. Chr. einen Friedensvertrag, in dem es Sizilien an Rom abtrat und dafür eine hohe Geldsumme erhielt. In den nächsten Jahren, als das geschwächte Karthago versuchte, Aufstände seiner unbezahlten Söldnerarmee zu unterdrücken, besetzte Rom auch Korsika und Sardinien. Die Karthager waren wütend und wollten sich rächen. Im Jahr 219 v. Chr. versuchten sie, diese zu bekommen.

Hannibal, einer der führenden karthagischen Feldherren, griff zunächst Roms Verbündete in Spanien an und führte dann eine Invasionstruppe über die Alpen nach Italien. Er besiegte und vernichtete wiederholt römische Armeen, unter anderem in der Schlacht von Cannae 216 v. Chr., bei der über 50 000 römische Soldaten starben. Seine Strategie schlug jedoch fehl; die meisten Verbündeten Roms wechselten nicht die Seiten, wie er gehofft hatte (außer Capua), und es gelang ihm nicht, die Stadt Rom selbst einzunehmen. Die meisten seiner berühmten Elefanten waren auf dem Marsch durch die Alpen verendet, und er hatte keine Belagerungsausrüstung, um die Stadtmauern zu durchbrechen. Eine lange Belagerung hätte die Verteidiger aushungern können, aber das war nicht möglich. Egal, wie viele römische Armeen vernichtet wurden, es wurden immer neue Legionen aufgestellt und in den Kampf geworfen. Hannibal brauchte 15 Jahre, um einen entscheidenden Sieg zu erringen, während die karthagischen Armeen in Sizilien und Spanien besiegt wurden. Am Ende war Roms Widerstandskraft zu groß für ihn, und er wurde in Süditalien eingeschlossen, wo er nur noch Bauernhöfe plünderte. Schließlich landete die römische Flotte eine weitere Armee in Nordafrika und bedrohte Hannibals Nachschubbasis. Er eilte mit seinem eigenen Heer zurück, um es zu verteidigen, und sah sich einer improvisierten römischen Streitmacht von 35.000 Mann gegenüber, die um einen Kern erfahrener Legionäre herum aufgebaut war und von Publius Cornelius Scipio angeführt wurde. Hannibal verfügte über 40 000 Mann und glaubte an einen Sieg, aber er misstraute dem militärischen Ruf Scipios. Am 19. Oktober 202 v. Chr. formierte er sein Heer in der Ebene von Zama und griff an. Es war eine Katastrophe: Scipios Männer zerschlugen die drei Linien von Hannibals Armee eine nach der anderen, töteten die Hälfte seiner Truppen und nahmen den Großteil der übrigen gefangen. Die Römer verloren nur 2.500 Mann. Dieser erschütternde Sieg beendete den zweiten der so genannten Punischen Kriege der Römer.[1] Die Karthager mussten nicht nur eine weitere hohe Zahlung an Rom leisten, sondern auch fast ihr gesamtes Territorium aufgeben, so dass ihnen nur ein kleines Gebiet um Karthago selbst blieb.

Nachdem ihr Feind besiegt war, wandten die Römer ihre Aufmerksamkeit wieder Italien zu. Es war an der Zeit, die treu gebliebenen Verbündeten zu belohnen, darunter Pompeia, und die wenigen zu bestrafen, die sich den Eindringlingen angeschlossen hatten.

---

[1] Das lateinische Wort für *Phönizier* ist *Punici*.

Capua hatte nach der römischen Niederlage bei Cannae die Seiten gewechselt, und Hannibal selbst hatte die reiche Stadt als Stützpunkt genutzt. In Bezug auf Reichtum und Einfluss war sie nach Rom eine der führenden Städte Italiens, und die Republik nahm ihren Übertritt nicht gut auf. Es wurden mehrere Versuche unternommen, sie einzunehmen, die von Hannibals Armee stets blutig abgewehrt wurden. Im Jahr 211 v. Chr. überlistete Hannibal sich jedoch selbst, und die Stadt fiel an die Legionen. Sie wurde sofort in römischen Staatsbesitz überführt, der Senat der Stadt aufgelöst und die Einwohner unter römische Herrschaft gestellt. Teile der Stadt wurden noch während des Krieges verkauft. Nach Hannibals Niederlage bei Zama wurden weitere Teile verkauft und der Rest an römische Geschäftsleute verpachtet. Capua blieb wohlhabend, aber sein politischer Einfluss war gebrochen. Die Städte Kampaniens suchten nun zunehmend die Führung in Rom. Pompeia, das während des gesamten Krieges loyal geblieben war, erlangte nach dem Krieg mehr Wohlstand. Als wichtiger Hafen zog es viele Schiffe an und hatte nun eine privilegierte Stellung als Handelszentrum für die führende Macht im Mittelmeerraum.

Die Macht Roms sollte noch weiter wachsen. Karthago war im Zweiten Punischen Krieg vernichtend geschlagen worden, baute aber langsam sein Militär wieder auf, um sich gegen einfallende nubische Stämme zu verteidigen. Dies war für Rom nicht akzeptabel, das Karthago nun als einen Klientenstaat betrachtete, der zu tun hatte, was man ihm sagte. Der führende Politiker Marcus Porcius Cato (heute bekannt als Cato der Ältere) beendete jede Rede, egal worum es ging, mit den Worten *Carthago delenda est* - "Karthago muss zerstört werden".[vii] Der Senat stimmte zu, und 149 v. Chr. begann Rom, Karthago mit einer Reihe von immer unverschämteren Forderungen zu provozieren. Karthago wollte unbedingt einen weiteren Krieg vermeiden, aber als die Römer ihnen sagten, ihre Stadt liege zu nah am Meer, und verlangten, dass sie sie abreißen und weiter im Landesinneren wieder aufbauen sollten, hatten sie genug. Sie weigerten sich. Das war natürlich genau das, worauf Rom gewartet hatte.

Ein Heer unter der Führung von Scipio Aemilianus belagerte Karthago. Im Frühjahr 146 v. Chr. durchbrachen sie die Mauern, vernichteten die Reste der Verteidigungsarmee und brannten die Stadt nieder. Von einer halben Million Menschen, die in Karthago gelebt hatten, überlebten nur etwa 50.000; sie wurden als Sklaven verkauft, und das ehemalige Karthago wurde zur römischen Provinz Afrika. Dies war der Beginn der römischen Expansion an der Südküste des Mittelmeers, und innerhalb weniger Jahre wurden riesige Mengen an Getreide und anderen Waren nach Italien transportiert. Ein Großteil davon wurde in Pompeia angelandet. Die Stadt, die zwar immer noch unabhängig von Rom war, aber zunehmend in die Wirtschaft der Republik eingebunden wurde, begann reich zu werden.

Der soziale Krieg

Pompeia war nun ein Verbündeter Roms, aber die Verbündeten der Republik ließen sich in zwei Klassen einteilen. Die Latiner und einige andere hatten sich bereitwillig mit Rom verbündet und wurden, obwohl sie zunehmend zu Klientenstaaten degradiert wurden, respektiert und erhielten die meisten Vorteile des römischen Bürgerrechts. Ehemalige Feinde, die unter römischen Einfluss geraten waren, die *Socii*, genossen nicht so viel Respekt. Sie zahlten Steuern an Rom, und ihre Bürger konnten in die römischen Armeen eingezogen werden, aber sie hatten keinen Einfluss auf die Politik der Republik. Im Jahr 91 v. Chr. rebellierten viele der *Socii* in Kampanien gegen ihre römischen Oberherren. Pompeia schloss sich ihnen an. Das war ein verhängnisvoller Fehler.

Die Socii wollten die Unabhängigkeit von Rom und planten die Gründung eines neuen Staatenbundes namens Italia. Nun schufen sie eine Währung für diese neue Union und wählten eine Hauptstadt - Corfinium, die sie in Italica umbenannten. Es mag den Anschein haben, als hätten sie die falschen Prioritäten gesetzt, denn die Schaffung von Symbolen der Staatlichkeit war weniger einflussreich als die Beseitigung der Bedrohung durch die römische Armee, aber in Wirklichkeit waren die *Socii* zuversichtlich. Zwölf Staaten waren an der Rebellion beteiligt, und zusammen verfügten sie über ein Heer von etwa 100.000 Mann. Die meisten der Soldaten waren selbst Veteranen der Legionen, es handelte sich also um eine schlagkräftige und kampferprobte Truppe. Die rebellischen Städte glaubten, sie seien stark genug, um es mit den Römern aufzunehmen und zu gewinnen. Diese Zuversicht schien gerechtfertigt; Roms eigene Armee war zwar größer, aber nicht viel größer, und sie konnte nicht vollständig gegen die

Aufständischen eingesetzt werden. Truppen wurden benötigt, um Städte zu verteidigen, Versorgungswege zu sichern und andere italienische Staaten loyal oder neutral zu halten.

Im ersten Jahr des Krieges errangen die *Socii* eine Reihe von Siegen gegen kleine römische Truppen, konnten aber keine Entscheidungsschlacht erzwingen. Die beiden Konsuln Roms übernahmen jeweils das Kommando über eine strategische Richtung - der eine im Norden, der andere im Süden - und konzentrierten sich darauf, Städte zu verteidigen und die italischen Armeen von Rom wegzulenken. Im Jahr 90 v. Chr. wurde der Konsul, der die Nordarmee befehligte, von einer italischen Armee besiegt und getötet, doch seinem militärischen Berater gelang es, den größten Teil der Armee aus der Falle zu führen und das alleinige Kommando zu übernehmen. Sein Name war Gaius Marius, und dank ihm war die Rebellion der *Socii* zum Scheitern verurteilt, bevor sie überhaupt begonnen hatte.

Die römische Armee, in der die meisten italienischen Soldaten gedient hatten, war gut ausgebildet und effektiv, aber sie war keine Vollzeittruppe. Legionen wurden bei Bedarf rekrutiert und kämpften oft eine Saison lang, bevor sie sich auflösten, damit die Männer - die meisten von ihnen Wehrpflichtige - nach Hause gehen und ihre Ernte einfahren konnten. Die Armee stand nur denjenigen offen, die Eigentum besaßen, und es gab eine klare Unterscheidung zwischen römischen Legionen und solchen, die von verbündeten Staaten rekrutiert wurden. Gleichzeitig unterschieden sich Waffen, Ausrüstung, Ausbildung und Disziplin zwischen den Legionen. Die Legionäre mussten ihre Waffen selbst beschaffen, was ein Grund dafür war, nur Grundbesitzer zu rekrutieren, da so die Kosten für die Bewaffnung von der Republik auf die Soldaten selbst verlagert wurden. Das Problem war, dass die Vielfalt der verwendeten Waffen die Entwicklung ausgefeilter Taktiken erschwerte.

Gaius Marius wurde 107 v. Chr. zum Konsul ernannt und erhielt sofort die Verantwortung für die Führung eines Krieges in Nordafrika. Er stand jedoch vor einem gewaltigen Hindernis: Er hatte keine Armee und konnte nicht genügend geeignete Rekruten finden, um eine zu bilden. Fast jeder, der als Legionär in Frage kam, kämpfte bereits an anderer Stelle. Das war natürlich nicht hinnehmbar, und so begann Marius mit der Erlaubnis des Senats eine Reihe ehrgeiziger Reformen, die die römische Armee und schließlich den größten Teil der antiken Welt verändern sollten.

In einem ersten Schritt wurde das Erfordernis des Besitzes abgeschafft, wodurch ein riesiges neues Arbeitskräftepotenzial aus den unteren Schichten der römischen Gesellschaft erschlossen wurde. Anschließend erhielten alle italienischen Soldaten in der Armee automatisch die römische Staatsbürgerschaft. Diese Änderung beseitigte die Unterscheidung zwischen römischen und verbündeten Legionen und führte zu einer stärkeren Vereinheitlichung der Armee. Dann ging Marius noch weiter. Er reduzierte die Wehrpflicht drastisch und schuf ein stehendes Heer. Nun wurden die Legionen nicht mehr bei Bedarf aufgestellt und nach Kriegsende wieder aufgelöst, sondern es handelte sich um ständige militärische Formationen, die mit Berufssoldaten besetzt waren. Es wurden Dienstbedingungen eingeführt, die einem modernen westlichen Soldaten nicht fremd erscheinen würden. Nun trat ein Mann für eine bestimmte Zeit in die Armee ein, zunächst für 16 Jahre (später für 20

Jahre). Nach Ablauf dieser Zeit erhielt er eine Altersversorgung, eine Rente und ein Stück Land in dem von seiner Legion eroberten Gebiet. Dies garantierte nicht nur Engagement und Loyalität, sondern bot den Legionären auch einen großen Anreiz, Land zu erobern. Während sich ein Soldat auf seine Pensionierung freute, erhielt er einen monatlichen Sold und konnte in höhere Ränge aufsteigen, die eine bessere Bezahlung und einen höheren Status mit sich brachten. Im Gegenzug wurde von ihm erwartet, dass er Eignungstests, einschließlich Tests der körperlichen Fitness, bestand und an regelmäßigen Übungen teilnahm. Schließlich wurde die Praxis beendet, dass die Männer ihre eigene Ausrüstung mitbrachten; nun erhielt jeder Legionär standardisierte Rüstungen und Waffen, und es wurden neue Taktiken entwickelt, um diese Vorteile zu nutzen. Marius schuf damit eine echte Berufsarmee, wie es sie bis zu den napoleonischen Kriegen nicht mehr geben sollte.

Viele Soldaten der *Socii* hatten in diesen neuen Musterlegionen gedient, aber es dauerte Jahre, bis sich die Auswirkungen der Reformen voll entfalten konnten. Noch wichtiger ist, dass eines der Geheimnisse ihrer Wirksamkeit in der Stabilität lag, die die Truppen durch die Zugehörigkeit zu einer festen Einheit erhielten. Die eilig gebildeten Armeen der *Socii* mochten zwar aus gut ausgebildeten Soldaten bestehen, aber sie verfügten nicht über den Teamgeist und die unerbittliche Loyalität einer Legion. Ein weiterer Faktor, der Rom nun einen enormen Auftrieb gab, war, dass Rekruten, die in eine bestehende Einheit integriert wurden, weitaus effektiver waren, als wenn sie eine neue Einheit bildeten. Inzwischen rekrutierte Rom jeden Freiwilligen, den es finden konnte, und das waren viele. Angelockt durch das Versprechen von Sold, Beute und Bürgerrecht strömten Männer aus ganz Italien herbei, um den roten Waffenrock eines römischen Soldaten anzuziehen. Die Reihen der Legionen schwollen zu voller Stärke und darüber hinaus an. Während des gesamten Jahres 90 v. Chr. hielten die Römer stand und konnten die Angriffe der Italiener weitgehend abwehren. Im Jahr 89 v. Chr. beschlossen sie, dass es an der Zeit war, den Spieß umzudrehen. Sie stellten ihre neue Berufsarmee auf und ließen sie auf die rebellischen Staaten los. Die *Socii* wurden durch den Ansturm schnell zurückgedrängt, und eine Stadt nach der anderen fiel oder wurde belagert. Pompeia wurde von einer Armee umzingelt, die von einem der führenden Generäle Roms, Sulla, angeführt wurde. Andere Staaten unter den *Socii* schickten Truppen, um Pompeia zu helfen, denn der Hafen war eine wichtige Verbindung zu potenziellen Verbündeten außerhalb Italiens, aber die Belagerung konnte nicht durchbrochen werden.

Lucius Cornelius Sulla ist eine der interessantesten Persönlichkeiten des antiken Roms und spielte eine entscheidende Rolle in der Politik der späten Republik. Nach dem Sozialen Krieg wurde er zum Konsul gewählt, aber Ende 88 v. Chr. provozierte ihn eine Verfassungskrise dazu, mit sechs Legionen nach Rom zu marschieren - das erste Mal, dass dies geschah - und eine Reform des Senats zu erzwingen. Dann zog er erneut in den Krieg. Im Jahr 83 v. Chr. marschierte er ein zweites Mal in Rom ein; jetzt nutzte er seine loyalen Legionen, um die Konsuln zu stürzen und sich selbst als Diktator einzusetzen, ein Amt, das seit über einem Jahrhundert nicht mehr ausgeübt worden war. Zwei Jahre lang hatte er die absolute Macht inne, doch im Gegensatz zu den meisten Diktatoren nach ihm konzentrierte er sich auf Verfassungsreformen und nicht auf seine eigene Bereicherung. Im Jahr 81 v. Chr. versetzte er die zivilisierte Welt in Erstaunen - er trat zurück und übergab die Macht wieder an den Senat. Im nächsten Jahr stellte er sich erneut zur Wahl als Konsul und gewann. Eine weitere Amtszeit war jedoch genug für ihn; er war nun ein alter Mann und zog sich in seine Villa in Puteoli (dem heutigen Puzzuoli) zurück, wo er 78 v. Chr. starb.

Im Jahr 89 v. Chr. war Sulla auf dem Höhepunkt seiner militärischen Macht. Er war einer der brillantesten Generäle Roms und wurde von einem Rivalen mit der Schlauheit eines Fuchses und dem Herzen eines Löwen beschrieben. Jetzt wurde Pompeia mit der vollen Schlagkraft von sechs Legionen angegriffen. Es war ein schwieriges Ziel: Die gesamte Stadt war von einer 30 Fuß hohen, gestützten Steinmauer umgeben, die kurz vor Kriegsbeginn zum Schutz gegen die Einschläge der römischen Artillerie neu aufgeschüttet worden war. Um sie herum wurden Verteidigungstürme errichtet und die Tore verstärkt. Ein Großteil der Steine, die bei den Arbeiten verwendet wurden, waren vulkanischer Tuffstein und Lava, die in der fernen Vergangenheit vom Vesuv ausgeworfen worden waren. Jetzt wurden weitere Steine von Sullas Belagerungsartillerie geschleudert. Onager - weitreichende Katapulte, die ihren Namen von einer wilden Eselart erhielten - schleuderten riesige Felsbrocken in die Stadt.[viii]

Ballisten und kleinere Katapulte beschossen die Mauer mit Raketen und hämmerten auf die Tore. Hilfswerfer, lokale Milizen, die die Legionen begleiteten und über spezielle Fähigkeiten verfügten, aber keine regulären Soldaten waren, rückten nahe an die Stadt heran und ließen Bleigeschosse auf die Verteidiger regnen.[ix] Außerhalb der Reichweite der Schleuderer und Bogenschützen auf den Mauern stellten Sullas Legionäre Sturmleitern auf und bereiteten sich auf einen Angriff vor.

Nicht alle Aufzeichnungen des Sozialen Krieges sind erhalten geblieben, so dass es unmöglich ist, mit Sicherheit zu sagen, was als nächstes geschah, aber wir können es erahnen. Auf seinem Weg nach Pompeia hatte Sulla mehrere andere kampanische Städte angegriffen, darunter Nola und Stabiae. Die Zerstörungen waren grausam; laut Plinius dem Älteren war Stabiae nicht mehr als Stadt zu erkennen, nachdem Sulla mit ihr fertig war.[x] Wahrscheinlich hörten die Bürger von Pompeia durch Flüchtlinge von dem Gemetzel und beschlossen, ihre eigene Stadt zu verschonen, indem sie sich ergaben. Auf jeden Fall endete die Belagerung nicht lange, nachdem sie begonnen hatte, und Pompeia kam wieder unter römische Herrschaft. Neun Jahre lang hatte Pompeia denselben Status wie vor dem Krieg, bis Sulla 80 v. Chr. seine konsularischen Befugnisse nutzte, um die Stadt als römische Kolonie zu beschlagnahmen und einen Großteil des Landes um die Stadt herum an seine Veteranen zu vergeben. Die

Bürger, die sich an der Rebellion beteiligt hatten, wurden aus der Stadt vertrieben und ihr Eigentum beschlagnahmt. Für Pompeji hatte sich alles - sogar der Name - geändert. Jetzt war die Stadt Teil der Römischen Republik und ihre Einwohner waren römische Bürger. Es gab Spannungen zwischen den ursprünglichen Einwohnern und Sullas Veteranen, die das Gebiet besiedelt hatten,[xi] , die sich aber allmählich legten und die Stadt wieder aufblühen ließen. Das Handelsaufkommen von und nach Rom war größer denn je, sowohl über den Hafen als auch über die Via Appia.

Roma Victor

Die Merkmale der römischen Kultur begannen sich in Pompeji zu zeigen. Zwischen 80 und 70 v. Chr. wurde in der östlichen Ecke der Stadt ein Amphitheater gebaut. Es ist das älteste bekannte steinerne Amphitheater, und es ist immer noch ein beeindruckender Anblick. Eine elliptische, ovale Arena ist von ansteigenden Sitzreihen aus Stein umgeben, die aus der Ferne eine unheimliche Ähnlichkeit mit einem modernen Sportstadion haben. Niedrige Mauern trennten die besten Plätze in den ersten fünf Reihen von den billigeren Plätzen dahinter und darüber. An der Außenwand des Bauwerks befanden sich Arme für ein Sonnensegel, das zum Schutz vor Regen oder starker Sonneneinstrahlung über die Sitzplätze ausgefahren werden konnte, und private Logen entlang der Wand waren für Frauen der Oberschicht reserviert, die die Spiele diskret verfolgen wollten.[xii] Das Amphitheater von Pompeji ist das früheste bekannte Beispiel dafür, dass Politiker den Sport förderten, um sich

Popularität zu verschaffen; Gaius Quintius Valgus und March Porcius bezahlten den Bau und ließen eine Inschrift in das Tor einmeißeln, damit es niemand vergaß. Es ist auch der erste bekannte Schauplatz eines Aufruhrs zwischen rivalisierenden Fans, über 2.000 Jahre vor den englischen Fußball-Hooligans. Während eines Gladiatorenkampfes am 10. Juli 59 n. Chr. begannen Pompejaner mit Fans aus Nuceria Beleidigungen auszutauschen, woraufhin ein Kampf ausbrach. Der Streit eskalierte schnell, bis Schwerter zum Einsatz kamen und mehrere der anwesenden Fans starben.[xiii] Als die Nachricht von dem Aufruhr Rom erreichte, ordnete Kaiser Nero eine Untersuchung an und verbot später Gladiatorenkämpfe in Pompeji für einen Zeitraum von zehn Jahren. Das Amphitheater wurde jedoch nicht ganz geschlossen. Neros Frau Poppaea, deren Familie aus Pompeji stammte, überredete ihn, es für Tierjagden und sportliche Wettkämpfe offen zu lassen. Pompeji war eine gute Stadt für

Athleten; neben dem Amphitheater selbst gab es in der Nähe ein großes Trainingsgelände mit einem Schwimmbad.

Es wurden immer größere Bauprojekte in Angriff genommen. Eines der Wunder Roms, ein technologischer Fortschritt, der Besucher aus anderen Staaten in Erstaunen versetzte, war das System der Aquädukte. Die meisten Stadtbewohner der antiken Welt bezogen ihr Wasser aus Brunnen oder aus Flüssen, die durch die Stadt flossen. Diese Flüsse waren in der Regel durch Abwässer stark verschmutzt, und Krankheiten dezimierten regelmäßig die Stadtbevölkerung. Schmutziges Wasser war sogar einer der Faktoren, die verhinderten, dass die Städte zu groß wurden. Selbst Brunnen waren nicht sicher; Schmutz und Abwässer verunreinigten die Straßen und sickerten in den Grundwasserspiegel, wodurch das Grundwasser verschmutzt wurde. Cholera und Dysenterie waren weit verbreitet. Rom stieß Mitte des 4. Jahrhunderts v. Chr. an die Grenzen seiner lokalen Wasservorräte ([th]), und nach den Regeln der Epidemiologie hätte das Wachstum gestoppt werden müssen. Die Römer weigerten sich jedoch, dies zu akzeptieren. Sie brauchten mehr Wasser und machten sich auf den Weg, es zu beschaffen. In Mittelitalien gab es reichlich Wasser, aber nicht in Rom. Die Senatoren beschlossen, dass das kein Problem sei; sie würden es einfach nach Rom bringen. Das erste Aquädukt, die Aqua Appia, wurde 312 v. Chr. gebaut. Sie verlief von den Hügeln zehn Meilen östlich der Stadt und fiel auf ihrer gesamten Länge in einem konstanten, fast unmerklichen Winkel ab; das Gesamtgefälle betrug nur 33 Fuß. Täglich lieferte er 75 000 Tonnen frisches Quellwasser in die Stadt. Der neue Kanal ermöglichte es der Stadt, zu wachsen, und von da an bauten die Ingenieure jedes Mal, wenn die Bevölkerung die Wasserversorgung überstieg, einfach ein weiteres Aquädukt. Die Aqua Aniene wurde 270 v. Chr. eröffnet und brachte doppelt so viel Wasser wie die Aqua Appia. Die Aqua Marcia folgte 140 v. Chr. und die Aqua Tepula im Jahr 127. Als Pompeji an Sullas Legionen fiel, förderte das römische Wassersystem täglich mehr als 500.000 Tonnen Wasser und verteilte es an alle Stadtteile, indem es Zisternen und Tanks auf jedem öffentlichen Platz und jedem Marktplatz versorgte. Die Bevölkerung Roms war auf eine Million Menschen angewachsen. Der durchschnittliche Amerikaner verbraucht heute 98 Gallonen Wasser pro Tag,[xiv] weit mehr als jede andere Nation.[xv] Jeder Bürger des späten republikanischen Roms konnte 132 Gallonen verbrauchen. Selbst nach heutigen Maßstäben ist der Umfang und die Effizienz der römischen Wasserversorgung beeindruckend. Vor mehr als 2.000 Jahren überstieg dies fast die menschliche Vorstellungskraft.

Das endlose politische Gerangel brachte die Republik schließlich im späten 1st Jahrhundert v. Chr. zu Fall. Im Jahr 27 übergab der Senat die volle Macht an Augustus und die Republik wurde zum Imperium. Pompeji war Teil des Reiches und konnte erwarten, an dessen Vorteilen teilzuhaben. Das tat es auch. Eines der ersten kaiserlichen Bauprojekte war ein gewaltiges Aquädukt zur Versorgung der Städte rund um den Golf von Neapel, und 20 v. Chr. wurde ein Abzweig nach Pompeji gelegt. 4.000 Tonnen Wasser pro Tag flossen in das *Castellum aquae*, den zentralen Wassertank, der die Zisternen, Bäder und Brunnen der Stadt versorgte.[xvi] Die Wassermenge war nicht so üppig wie die Versorgung Roms, aber bei einer Bevölkerung von etwa 15 000 Einwohnern lieferte sie jedem Einwohner immer noch fast 70 Gallonen pro Tag. Das ist mehr als der Haushaltsverbrauch in allen heutigen Ländern mit Ausnahme der USA und Kanadas.

Pompeji blühte auf und wuchs. Die Menschen wurden durch und durch romanisiert. Die Erinnerungen an den Sozialen Krieg verblassten allmählich, und die geschäftige Hafenstadt wurde in das wachsende Reich integriert. Im Jahr 27 v. Chr. kehrte das Militär nach Pompeji zurück, aber diesmal nicht als Besatzer. Jetzt war der Golf von Neapel die Heimat der *classis Misensis*, des römischen Gegenstücks zur Sechsten Flotte der US Navy. Diese mächtigste Ansammlung von Kriegsschiffen im gesamten Mittelmeer operierte von einem riesigen neuen Marinestützpunkt in Misenum auf der nördlichen Halbinsel des Golfs aus. Die Matrosen und Marinesoldaten gaben ihren Lohn in den Weinhandlungen, Restaurants und Bordellen der Küstenstädte aus. Pompeji sammelte einen großen Teil ihres Geldes ein. Die Geschäfte florierten, Unternehmer eröffneten neue Kneipen, um die Marine zu schröpfen, und Kaufleute bauten rund um den Hafen Lagerhäuser, um den Reichtum des Mittelmeers einzubringen. Die Zukunft von Pompeji sah rosig aus. Tatsächlich hatte die Stadt nur noch weniger als ein Jahrhundert zu leben.

Teil II: Pompeji im ersten Jahrhundert

Die Menschen in Pompeji benutzten nicht unser System der Jahreszahlen. Wenn die Römer von einem Jahr sprachen, nannten sie die Namen der Konsuln, die am 1. Januar ihr Amt angetreten hatten. Unser erstes Jahrhundert nach Christus begann also im Jahr des Gaius Iulius Caesar und des Lucius Aemilius Paullus. Offensichtlich war dieses System für den Umgang mit mehreren Jahren nicht sehr nützlich, so dass es ein alternatives System gab, das die Jahre ab dem legendären Datum der Gründung Roms zählte. Das Jahr 1 n. Chr. entsprach dem Jahr 754 AUC (*Ab Urbe Condita* - Von der Gründung der Stadt). Für die Römer waren Jahrhunderte weniger wichtig, und für sie war das Jahr 1 n. Chr. ohnehin nicht der Beginn eines solchen, für uns hingegen markiert das Jahr 1 n. Chr. den Eintritt Pompejis in unsere eigene Zeitrechnung. In der Tat war es bereits eine überraschend moderne Stadt.

Der Reichtum von Pompeji

Pompejis Wirtschaft basierte auf seinem Hafen, der es mit den reichen Handelswegen des zunehmend romanisierten Mittelmeers verband. Die Zugehörigkeit zum Imperium brachte jedoch noch weitere Vorteile mit sich. Die Römer bauten ihren Reichtum und ihre militärische Macht auf einer überlegenen Technologie auf, die es ihnen ermöglichte, in den ersten Jahren viel größere Staaten zu besiegen und zu erobern und dann die Kontrolle über ihr riesiges Reich zu behalten. Diese Überlegenheit wurde auf jeden Aspekt ihres Lebens übertragen. Die Landwirtschaft in Rom war weitaus produktiver und effizienter als anderswo. Die Subsistenzwirtschaft auf niedrigem Niveau ist ineffizient; kleine Parzellen produzieren nur genug, um die Besitzer zu ernähren, und vielleicht einen kleinen Überschuss, der getauscht werden kann. Die Römer betrieben große landwirtschaftliche Betriebe mit dem Ziel, eine einzige Ernte für den Verkauf zu produzieren, und das ermöglichte eine weitaus höhere Produktion. Hundert kleine

Parzellen konnten fünfhundert Menschen ernähren; wenn man das gleiche Land für drei oder vier große Höfe nutzte, von denen jeder eine einzige Kulturpflanze produzierte, konnte man drei- oder viertausend Menschen ernähren. Der Boden um den Golf von Neapel war äußerst fruchtbar, und die römischen Bauern nutzten dies eifrig aus. Tatsächlich war die Fruchtbarkeit ein Nebenprodukt der wiederholten heftigen Ausbrüche des Vesuvs, aber das wussten die Römer nicht. Sie wussten nur, dass in der Küstenebene um den Berg herum alles gut wuchs und dass man reich werden konnte, wenn man dort einen Bauernhof besaß. Die Technologie half ihnen dabei; für eine Kultur, die sauberes Wasser 60 Meilen von den Hügeln ins Landesinnere zum Marinestützpunkt in Misenum transportieren konnte, war die Bewässerung der Felder ein Kinderspiel. Römische Bauernhöfe waren kaum von Dürren betroffen, die ganze Völker in Hungersnöte stürzen konnten.

Die Römer verschifften den größten Teil ihres Getreides aus Nordafrika - die neue römische Stadt Karthago, die auf den Trümmern des ausgelöschten Feindes errichtet wurde, war das Zentrum einer enormen Getreideindustrie -, aber auch in Italien wurden große Mengen angebaut. Gemüse konnte die lange Reise über das Meer nicht überstehen und wurde fast ausschließlich vor Ort angebaut. Viele vertraute Gemüsesorten gab es im alten Rom einfach noch nicht; Kartoffeln, Paprika und Tomaten - die Grundnahrungsmittel der modernen italienischen Küche - stammen alle aus Amerika und sollten Europa erst in 1 500 Jahren erreichen. Andere kamen, aber in Formen, die wir vielleicht nicht kannten. Die Römer aßen Karotten, aber es sollte Hunderte von Jahren selektiver Züchtung dauern, bis sie die bekannte orange Farbe hatten; die römischen Karotten gab es in verschiedenen Farben, aber orange war keine davon. Lauch war beliebt, und Zwiebeln bildeten die Grundlage vieler Gerichte und wurden auch als Heilmittel verwendet. Bohnen wurden in Suppen und Eintöpfen verwendet. Obst wurde als Snack verzehrt oder zu Desserts verarbeitet.[xvii] Andere Bauernhöfe produzierten Eier, Milchprodukte und Fleisch. Bienenstöcke, die zwischen den Höfen verstreut waren, lieferten Honig, der wie Zwiebeln und Knoblauch einen medizinischen Wert hatte und auch dort verwendet wurde, wo wir heute Zucker verwenden. Das Land um die Bucht von Neapel beherbergte eine Vielzahl von landwirtschaftlichen Betrieben, deren Erzeugnisse zusammen mit Fisch und anderen Meeresfrüchten aus der Bucht sowohl im Groß- als auch im Einzelhandel auf dem großen Lebensmittelmarkt von Pompeji verkauft wurden. Ein großer Teil der Landwirtschaft in der Region diente der lokalen Industrie; Oliven und Weintrauben waren wichtige Einnahmequellen.

Die Industrie war ein weiterer Bereich, in dem Rom in der antiken Welt führend war. Die Barbaren neigten dazu, ihre eigenen Güter und Besitztümer herzustellen, und diejenigen, die über außergewöhnliche Fähigkeiten verfügten, produzierten einen Überschuss für den Handel. Fortschrittlichere Kulturen wie die Griechen oder die Kelten verfügten über eine Heimindustrie, die die lokale Bevölkerung mit Waren versorgen konnte. Die Römer hingegen verfügten über große Fabriken, die Waren in großen Mengen für den Vertrieb und Verkauf im ganzen Reich herstellten. Die Villa Regina in Boscoreale, die einst ein Vorort von Pompeji war, war von Weinbergen umgeben. Man kann davon ausgehen, dass die Besitzer keinen Wein für den Eigenbedarf herstellten, denn ihr Lager ist fast unversehrt erhalten geblieben. In einem ummauerten Hof hinter der Villa befinden sich 18 riesige Weinkrüge, die bis zum Hals eingegraben sind, um den Inhalt vor dem warmen Klima zu schützen, und die insgesamt mehr als 2.600 Gallonen fassen.[xviii] Auch die Reste der Weinpresse sind noch zu sehen. Auch andere Villen und Bauernhöfe in der Gegend verfügten über eigene Weinpressen oder massive Olivenpressen aus Vulkangestein. Tausende von Litern Wein und Öl wurden produziert und nach Pompeji transportiert, um den großen Bedarf der Stadt zu decken, aber auch um außerhalb der Region verkauft zu werden. Es gab Marken, die den Absatz durch Werbung ankurbelten; ein beliebter lokaler Wein war *Vesuvinum*.[2] Doch nicht jeder war beeindruckt. Der Admiral, der den Marinestützpunkt befehligte, beklagte sich: *"Die pompejanischen Weine sind ziemlich gefährlich, da sie Kopfschmerzen verursachen können, die bis zum Mittag des nächsten Tages andauern."*[xix]

---

[2] Der Name ist eine Kombination aus *Vesuv* und *Vinum*, dem lateinischen Wort für Wein.

Brot war in der gesamten antiken Welt ein Grundnahrungsmittel, und in den meisten Kulturen verfügte jedes Haus über einen kleinen gewölbten Lehm- oder Ziegelofen zum Backen der Brote. In Rom war das anders. Die Menschen hatten Arbeit und wollten nicht gleich mit dem Backen beginnen, wenn sie nach Hause kamen. Es war viel einfacher, Brot in einer Bäckerei zu kaufen, und in Pompeji gab es über 30 davon. Der Weizen, der sowohl importiert als auch vor Ort angebaut wurde, wurde in von Eseln angetriebenen Steinmühlen zu Mehl gemahlen, und die Brote wurden in riesigen Backsteinöfen gebacken.

Die Römer würzten ihre Speisen gerne, und die beliebteste Sauce im Reich - der Ketchup einer Welt ohne Tomaten - war *Garum*. Es ähnelte der asiatischen Fischsauce und wurde hergestellt, indem man zerkleinerten Fisch mit Meersalz in einen wasserdichten Behälter schichtete und ihn dann in der Sonne gären ließ. Große Haushalte hatten manchmal ihre eigenen Garum-Tanks, aber für alle, die kein Küchenpersonal hatten, war das zu viel Arbeit, also produzierten Fabriken die Soße in industriellen Mengen. Vieles wurde lokal verwendet, aber die in Pompeji und dem nahe gelegenen Herculaneum hergestellte Sauce war von sehr hoher Qualität und wurde in großem Umfang exportiert. Garum-Gefäße aus Pompeji wurden in Frankreich gefunden.[xx] *Garum* selbst war eine klare Flüssigkeit, die mit einer Schöpfkelle aus dem oberen Teil des Tanks aufgefangen und anschließend gefiltert wurde, um Knochen und Schuppen zu entfernen. Die verbleibende Mischung, bekannt als *allec*, galt als minderwertig und wurde billig verkauft. Die Ernährung der armen Römer basierte auf Polenta, die mit Gemüse oder Fleisch angereichert wurde, wenn sie es sich leisten konnten, und *Allec verlieh* dem faden Brei einen gewissen Geschmack.

Die Römer hielten ein breites Spektrum an Vieh, darunter Millionen von Schafen. Diese wurden wegen ihrer Wolle geschätzt, die als Hauptfaser für Kleidung und andere Produkte verwendet wurde. Im Gegensatz zu den groben Stoffen der Barbaren schätzten die Römer qualitativ hochwertige Kleidung, so dass die Wolltechnologie recht fortschrittlich war. Nachdem die Schafe geschoren worden waren, wurde die Rohwolle von Walkern verarbeitet, die sie in alkalischen Bädern wuschen, um sie zu reinigen, die Öle auszuwaschen und die Fasern aufzupolstern. Menschlicher Urin enthält Ammoniumsalze und war ein ideales Walkmittel. Außerdem hatte er eine bleichende Wirkung, die sich die römischen Wäschereien zunutze machten. Fabriken, die Wolle verarbeiteten, stellten im Freien Wannen auf, die als öffentliche Toiletten dienten und gleichzeitig als Urinquelle dienten, und die Bewohner konnten Eimer mit Urin im Freien abstellen, um ihn einzusammeln. Massenurin war für die römische Industrie so wichtig, dass er besteuert wurde. Auch Fäkalien wurden gesammelt, um sie beim Gerben von Leder zu verwenden. Das klingt ziemlich eklig, aber tatsächlich wurden Wolltücher (und Leder) nach der Verarbeitung gründlich gewaschen, um Gerüche zu beseitigen. Die Römer legten großen Wert auf persönliche Hygiene und hätten es nicht toleriert, wenn sie wie eine Kloake gerochen hätten. Ein nützlicher Nebeneffekt war, dass die Straßen der römischen Städte nicht mit dem Inhalt von Toiletteneimern überschwemmt waren, die die meisten anderen Kulturen erst im 19.th Jahrhundert einfach aus dem Fenster warfen. Das machte die städtischen Gebiete des Imperiums angenehmer und viel gesünder.

Ein Abend in der Stadt

Pompeji bot seinen Bewohnern viele der gleichen Annehmlichkeiten wie eine moderne Stadt. Neben den Märkten, die in jeder Kultur zu finden waren, gab es auch Geschäfte, die eher wie moderne Läden funktionierten und oft auf eine bestimmte Art von Produkten spezialisiert waren, die aus dem ganzen Reich importiert werden konnten. Der durchschnittliche römische Haushalt verfügte über eine große Anzahl von Besitztümern - Kleidung, Schmuck, Kochutensilien, Möbel, Vorratsgefäße, Werkzeuge und viele andere hergestellte Gegenstände. Eine Nomadenfamilie im Nahen Osten oder ein Jäger in den deutschen Wäldern konnte alles, was sie brauchten, selbst herstellen. Für die reicheren und fortschrittlicheren Römer war dies unmöglich, so dass es einen großen Einzelhandel gab.

Die Römer genossen auch ein aktives gesellschaftliches Leben, und es gab viele Möglichkeiten, aus denen sie wählen konnten. In Pompeji gab es zwei Theater, in denen Aufführungen auf der Grundlage griechischer Dramen stattfanden. Das Theater war eine äußerst beliebte Unterhaltungsquelle, und Politiker, die ihre Popularität steigern wollten, veranstalteten viel häufiger Theateraufführungen als Gladiatorenkämpfe oder Wagenrennen. Die Kosten hatten wahrscheinlich einen großen Anteil daran, aber das Theater erreichte auch ein breiteres Publikum; Frauen (und viele Männer) aus höher gestellten Familien neigten dazu, sich die gewalttätigeren Sportarten nicht anzusehen, aber das Theater war für fast alle interessant.

In den Straßen von Pompeji gab es ein reichhaltiges Angebot an Speisen. Tavernen servierten eine Vielzahl von Mahlzeiten, aber für alle, die es eilig hatten, gab es Dutzende von Schnellrestaurants. Für jeden, der mit einem modernen Burger-Franchise vertraut ist, wird die Technik altertümlich aussehen, aber das Konzept ist erstaunlich vertraut. Kachel- oder Marmortheken trennten den Kundenbereich von der Küche, und eine Reihe von Deckeln auf der Theke verbarg die Mündungen großer Keramikgefäße - *dolia* -, die in sie eingebaut waren.[xxi] Darin befanden sich Speisen oder Getränke, die im Voraus zubereitet wurden und sofort serviert werden konnten.

Bars in modernen Städten konzentrieren sich in der Regel um Hauptstraßen und beliebte Attraktionen, und das war in Pompeji nicht anders. In der Stadt wurden über 200 Bars und Gasthäuser identifiziert, viele davon an den Straßen, die zum Amphitheater führen. Die Gasthäuser boten sowohl Zimmer für Gäste als auch Mahlzeiten an, wobei der Standard beider Angebote je nach Preis variierte. Die Mahlzeiten reichten von einer Schüssel mit der Tagessuppe, die in einem großen Topf in der Ecke vor sich hin köchelte, bis hin zu aufwendigen mehrgängigen Menüs. In der Küche einer Bar in Pompeji fanden sich Knochen von Schweinen, Schafen, Hühnern und Rindern. Die Analyse der Küchenabfälle zeigt, dass Schweinefleisch das beliebteste Fleisch im alten Rom war und Rindfleisch nur selten gegessen wurde. Eier und Fisch wurden jedoch in großen Mengen verzehrt. Neben der Bar befand sich das Haus der Vestalinnen, eine der größten und luxuriösesten Villen der Stadt. Die Bewohner aßen größtenteils die gleichen Speisen wie in der Bar, allerdings mit hochwertigeren Zutaten.

Bars, Gasthäuser und Schnellrestaurants schenkten Alkohol aus; in Rom war das Trinken gesellschaftlich akzeptiert, und Kinder bekamen oft schon in jungen Jahren verdünnten Wein zu trinken. Fast der gesamte römische Alkohol wurde in Form von Wein ausgeschenkt - andere Getränke wie Bier waren zwar bekannt, aber nicht beliebt - und es gab eine unglaubliche Vielfalt an Arten und Qualitäten. Einige Weine wurden pur serviert, andere wurden gewässert oder mit Gewürzen aromatisiert. Eine beliebte Variante war *Mulsum*, mit Honig gesüßter Weißwein. In gehobenen Gasthäusern wurden die Getränke in feinen Gläsern serviert, wobei die papierdünnen Nilgläser aus Ägypten am stilvollsten waren. In billigen Tavernen wurden oft Steingutbecher verwendet.

Ein Besuch in den Bädern war eine weitere beliebte Aktivität. In Pompeji gab es vier öffentliche Bäder, die bis spät in die Nacht belebt gewesen sein dürften. Sauberkeit war den Römern sehr wichtig, und nur wenige Menschen hatten den Platz oder das Geld, um zu Hause eine Badewanne zu haben, aber die öffentlichen Bäder waren billig - die Kaiser bezahlten oft für den kostenlosen Zugang an Feiertagen - und effektiv. Die meisten Bäder verfügten über eine Reihe von Becken mit kaltem, warmem und heißem Wasser sowie über Dampfbäder, in denen die Badenden mit einem gebogenen Werkzeug, dem *Strigil,* Schmutz und Schweiß von der Haut abkratzten. Einige größere Bäder verfügten über private Baderäume, die für Partys gemietet werden konnten, und das Personal konnte Wein, Essen oder sogar Prostituierte herbeischaffen. Die meisten Bäder verfügten zumindest über ein kleines Restaurant oder eine Taverne sowie über andere Einrichtungen wie Barbiere, Turnhallen und sogar öffentliche

Bibliotheken.

Im frühen Kaiserreich waren die Menschen in Bezug auf Sex äußerst liberal, aber es gab Grenzen. Eine Beziehung mit einer unverheirateten Bürgerin war verboten - es sei denn, sie war eine Prostituierte. In Pompeji wurden die Überreste von 26 Bordellen gefunden, von denen viele mit erotischen Gemälden und Fresken verziert waren. Der Besuch eines Bordells war kaum oder gar nicht mit einem sozialen Stigma behaftet; sowohl die Prostituierten als auch die Kunden ritzten oft ihre Namen in die Wände, manchmal mit improvisierten Versen, und die Bordelle warben ganz offen.

Die Anzahl der Bars und Bordelle in Pompeji scheint für eine Stadt dieser Größe übertrieben, aber es gibt eine einfache Erklärung. Der Reichtum der Gegend und die landschaftlichen Reize hatten Pompeji zu einem Touristenort gemacht. Neben der Landwirtschaft und der Industrie erwirtschaftete die Stadt nun auch ein gutes Einkommen durch Besucher. Viele Mitglieder der römischen Aristokratie besaßen Zweitwohnungen in der Nähe der Bucht. Die Mittelschicht konnte für den Sommer ein Haus mieten oder in einem Hotel wohnen. Selbst die unteren Schichten der römischen Bürger konnten sich für ein paar Tage ein Zimmer in einem billigen Gasthaus leisten und eine Pause am Meer genießen.

Die kaiserliche Maschine

Da Pompeji eine römische Stadt war, gab es viele sichtbare Zeichen der Macht des Imperiums. Im Stadtzentrum befand sich das Forum, auf dem lokale Politiker und Anwälte Reden hielten und über Stadtgesetze abstimmten. Die Barbaren außerhalb der Grenzen Roms waren vielleicht tyrannischen Häuptlingen oder intriganten Priestern ausgeliefert, aber hier in der Zivilisation herrschten Recht und Ordnung. Die Stadt verfügte über Polizei, Gefängnisse und eine Nachbarschaftswache - die *Vigiles* -, die auf Verbrechen oder Feuerausbrüche achteten. Gerichte mit Staatsanwälten, Verteidigern und Richtern verhandelten mit jedem, der eines Verbrechens beschuldigt wurde, und die Strafen waren gesetzlich festgelegt.

Auch das Militär war ständig präsent. Im ersten Jahrhundert nach Christus war das Mittelmeer, das einst vom gefürchteten karthagischen Feind beherrscht wurde, zu dem geworden, was die Römer liebevoll *mare nostrum* - "unser Meer" - nannten. Die nordafrikanischen Piraten hatten einst die Handelsschifffahrt ausgeplündert, waren aber schließlich über das Ziel hinausgeschossen und hatten den jungen Julius Cäsar als Geisel genommen. Er hatte sie bezahlt, damit sie ihn freiließen, und ihnen dann gesagt, dass er eine Armee aufstellen, zurückkehren und sie vernichten würde. Die Piraten lachten und ließen ihn gehen; Cäsar stellte eine Armee auf, kehrte zurück und vernichtete sie. Das Meer war nun sicherer, und die Flotte wurde verkleinert, verfügte aber immer noch über Dutzende von Schiffen und Tausende von Seeleuten und Marinesoldaten. Sollte jemals ein anderer Feind Rom von der See aus bedrohen, würde die *classis Misensis* die erste Verteidigungslinie sein und war daher ein wichtiger Teil des kaiserlichen Militärs. In der Zwischenzeit unterhielten die Männer ihre Schiffe, bildeten sich in Seemannschaft und Taktik aus und gaben ihr Geld in der Bucht aus. Die Stadtbewohner hatten keine Angst vor ihnen. Es handelte sich nicht um eine Gruppe barbarischer Krieger, die auf dem Land lebten; sie wurden bezahlt, erhielten Verpflegung und ihr Verhalten wurde durch die strenge Disziplin der Legionen kontrolliert. Auf der anderen Seite des Wassers von Pompeji saß der brillante, aber exzentrische Admiral der Flotte in seinem Büro in der großen Marinebasis und schrieb Bücher über Wissenschaft und Philosophie.

Dies war also Pompeji im späten ersten Jahrhundert. Es war eine Stadt, die auf etwa 20.000 Menschen angewachsen war und sich mit einer vielfältigen Wirtschaft selbst versorgte. Die Technologie stammte aus der späten Eisenzeit, aber abgesehen von der weit verbreiteten Sklaverei ähnelte die Gesellschaft in vielerlei Hinsicht unserer eigenen. Das politische System war zwar nicht perfekt, aber im Allgemeinen herrschten Recht und Ordnung, und die Wirtschaft wuchs stetig. Frauen hatten mehr Rechte als fast überall sonst in der antiken Welt, und einige von ihnen besaßen ein gewisses Maß an politischer Macht. Rassismus war selten, obwohl die Diskriminierung von Nichtbürgern weit verbreitet war. Es war eine kultivierte, wohlhabende Stadt und nach den Maßstäben der meisten Menschen in der Geschichte ein sehr angenehmer Ort zum Leben. All das sollte nun ein Ende haben.

Das Erdbeben

Die Römer wussten über Vulkane Bescheid, und sie wussten, dass der Vesuv einer war, aber sie hielten ihn für erloschen, weil er seit Beginn der Aufzeichnungen nicht mehr ausgebrochen war. Tatsächlich war der Berg länger ruhig als je zuvor oder seither - seit mindestens 1.200 v. Chr. Die unteren Hänge waren mit Feldern und Weinbergen bedeckt, und der Gipfel war ein flaches, von Felsen umgebenes Plateau. Im Jahr 73 v. Chr. führte der rebellische Gladiator Spartacus eine Armee befreiter Sklaven auf den Gipfel und hielt den ganzen Sommer über einer römischen Miliz stand, bevor er seine Belagerer besiegte und entkam. Er war in der Lage, ein Lager von mehreren Tausend Mann zu unterhalten, da der Gipfel gut mit Quellen versorgt war und die Lebensmittel weiter unten am Berg erhältlich waren. Es gab keinerlei Anzeichen dafür, dass unter dem ruhigen Gipfel des Vesuvs noch Magma brodelte. Die Bewohner der Umgebung fürchteten sich vor Erdbeben, nicht vor Vulkanen.

Am 5. Februar 62 erschütterte ein schweres Erdbeben die Bucht und richtete in den Küstenstädten große Schäden an. Pompeji war mit am stärksten betroffen. Erdbeben sind in Italien keine Seltenheit, da das Land in der Nähe einer Plattengrenze liegt. Die meisten von ihnen werden durch den Abbau von Spannungen verursacht, die sich zwischen den sich bewegenden Felsplatten aufgebaut haben. Bei diesem Erdbeben war das wahrscheinlich nicht der Fall, aber das spielte für die Bürger von Pompeji keine Rolle. Wichtig war nur, dass große Teile der Stadt unter der Wucht des Bebens litten. Geologen haben die Schäden in der Stadt analysiert und errechnet, dass das Beben eine Stärke von etwa 6,1 hatte und eine Reihe von Nachbeben mehrere Tage lang anhielt. Zu den beschädigten Gebäuden gehörten der Jupitertempel und das Vesuv-Tor. Lucius Caecilius Iucundus, der Sohn eines freigelassenen Sklaven, der zu einem erfolgreichen Bankier aufgestiegen war, kam

wahrscheinlich bei dem Erdbeben ums Leben;
seine bis dahin sehr detaillierten
Geschäftsaufzeichnungen brechen abrupt ab.
Sein Haus blieb jedoch erhalten, und jemand,
wahrscheinlich einer seiner Söhne, ließ eine
Reihe von Flachrelieftafeln schnitzen, die den
Hausschrein schmücken sollten. Sie erinnern an
das Erdbeben mit Abbildungen des
beschädigten Tempels.

Erdbeben waren den Menschen in der Bucht von Neapel vertraut, und egal, wie schwer dieses Beben war, es konnte sie nicht abschrecken. Die Bürger von Pompeji begannen mit dem Wiederaufbau der Stadt, obwohl die Arbeiten in einigen Bereichen nur langsam vorankamen - es wird angenommen, dass weitere Beben, darunter eines im Jahr 64, zu Verzögerungen führten. Viele der Schäden waren noch 17 Jahre später sichtbar. Die Stadt hatte das Erdbeben zwar überlebt, aber es war eine denkwürdige Katastrophe gewesen, und Tod und Zerstörung waren 79 n. Chr., als die Erde erneut bebte, schnell ins Bewusstsein gerückt.

Der Berg

Die Erdoberfläche besteht aus Dutzenden von Platten - acht davon sind groß -, die auf dem halbgeschmolzenen Gestein des darunter liegenden Erdmantels schwimmen. Diese Platten sind ständig in Bewegung, angetrieben durch Konventionsströmungen im Erdmantel. Wo sich benachbarte Platten auseinander bewegen, wird heißes Magma von unten nach oben gepresst und bildet neues Gestein, meist entlang spektakulärer Unterwassergebirge wie dem Mittelatlantischen Rücken. Wo sie jedoch zusammenstoßen, kann es zu enormen Zerstörungen kommen. Die Platten wiegen jeweils unzählige Billionen Tonnen, so dass sie zwar langsam sind, aber dennoch eine enorme Energie besitzen. Diese enormen Zeitlupenstöße zwingen normalerweise eine Platte unter den Rand der anderen in einem Prozess, der Subduktion genannt wird. Dieser Prozess ist extrem zerstörerisch; riesige Berge können in die Höhe gedrückt werden, da Gesteinsplatten mit einer Dicke von 20 Meilen durch die

Belastung verbogen und verzerrt werden. Der Himalaya ist durch eine solche Kollision entstanden und erhebt sich immer noch langsam, während sich Indien nach Norden bewegt. Während das Gestein nach oben gedrückt wird, um Berge zu bilden, sinkt der Rand einer Platte tief in den heißen Erdmantel, wo er weich wird und schließlich zerbricht. Das absinkende Gestein war in der Regel einst Teil des Meeresbodens und führt enorme Mengen an Wasser mit sich nach unten. Beim Absinken des Gesteins wird dieses Wasser so stark erhitzt, dass es zu einer überkritischen Flüssigkeit wird, einem äußerst seltsamen Zustand, der weder gasförmig noch flüssig ist.

Das Gestein in den oberen Schichten des Erdmantels ist heiß - bis zu 900°C (1.600°F) - aber der enorme Druck in dieser Tiefe verhindert, dass es schmilzt. Es ist weich und kann langsam fließen, aber es ist nicht flüssig. Sättigt man es mit überkritischem Wasser, ändert sich die Situation jedoch. In den Gesteins- und Wassertaschen herrscht ein geringerer Druck als im umgebenden Gestein, so dass der Schmelzpunkt drastisch sinkt. Schließlich sinkt er unter die tatsächliche Temperatur und das Gestein schmilzt zu Magma. Da Magma eine geringere Dichte als festes Gestein hat, beginnt es aufzusteigen, bis es schließlich von der harten, kühlen Schicht der Kruste eingeschlossen wird. Manchmal findet es eine Schwachstelle und bahnt sich seinen Weg an die Oberfläche. In diesem Fall entsteht ein Vulkan.

Vor etwa 30 Millionen Jahren kollidierte die afrikanische Platte, die sich mit etwa einem Zoll pro Jahr nach Norden bewegte, mit der eurasischen Platte und begann, unter diese zu rutschen.[xxii] Die Grenze zwischen den beiden Platten verläuft grob in Ost-West-Richtung durch das südliche Mittelmeer, mit einem zackigen Knick in Richtung der südlichen Küste Italiens. Vulkane bilden sich jedoch nur selten entlang der eigentlichen Grenze einer Subduktionszone. Stattdessen entstehen sie entlang des "magmatischen Bogens" zwischen 50 und etwa 200 Meilen von der Grenze entfernt, wo sich das heiße Magma seinen Weg durch die darüber liegende Platte bahnt. In diesem Fall ist das Ergebnis eine Region, die als Kampanischer Vulkanbogen bekannt ist, eine lose Kette von einem halben Dutzend Vulkanen, die die Region Kampanien durchquert und in das Mittelmeer hinausläuft. Verglichen mit dem berüchtigten Ring des Feuers, der den Pazifik umgibt, ist dieser Bogen nicht sehr groß, und die meisten

Vulkane darin sind entweder erloschen oder schlafen, aber einer von ihnen ist es nicht, und er macht den Rest wett. Das ist der Vesuv, und die meisten Vulkanologen halten ihn für den gefährlichsten Vulkan der Erde.

Es gibt verschiedene Arten von Vulkanen. Diejenigen, die in der Nähe von Subduktionszonen zu finden sind, gehören häufig zu der Art, die als Schildvulkane bekannt sind. Diese pumpen geschmolzene Lava aus und werfen oft spektakuläre Fontänen aus glühendem, flüssigem Gestein aus ihren Gipfeln. Das ist ein erschreckender Anblick, aber nicht wirklich gefährlich. Die Lavaströme fließen in einem schleichenden Tempo die Hänge hinunter, selten mehr als einen Fuß pro Sekunde. Sie können viele Kilometer weit fließen, aber schließlich kühlen sie ab und erstarren zu neuem Gestein. Schildvulkane haben ihren Namen von ihrer Form - es sind breite, abgeflachte Kegel, die ein wenig wie ein riesiger Wikingerschild aussehen. Viele Inseln sind Schildvulkane. Hawaii liegt über einem "Hot Spot" im Erdmantel, einer riesigen Wolke aus heißerem Magma, die unaufhörlich an der Kruste brennt, und jede seiner Inseln ist die Spitze eines riesigen unterseeischen

Lavagebirges. Die pazifische Platte bewegt sich langsam, der Hotspot nicht, und so zieht sich eine Spur älterer, längst erloschener Vulkane in Richtung Nordwesten. Je älter sie sind, desto mehr hat das Meer sie erodiert, und desto weiter hat ihr eigenes immenses Gewicht die Kruste nach unten gedrückt, so dass die meisten jetzt völlig unter Wasser stehen. Die Gipfel einiger weniger ragen noch über den Ozean hinaus - Gardner Pinnacles ist die letzte - und andere, wie Midway, sind ertrunkene Gipfel, die von Korallenriffen gekrönt werden, die bis an die Oberfläche reichen. Die überlebenden Inseln mögen an der Oberfläche winzig aussehen, aber in Wirklichkeit sind sie riesige Berge, die aus den Tiefen des Ozeans aufsteigen; Midway ist der Gipfel eines erloschenen Vulkans, der zweieinhalb Meilen hoch ist und sich über 50 Meilen in die Tiefe erstreckt. Schildvulkane sind gewaltig. Sie sind jedoch nicht übermäßig gefährlich. Sie brechen häufig aus, aber die Gefahren sind vorhersehbar und leicht zu vermeiden. Gelegentlich zerstören sie Eigentum, aber das Risiko für Menschenleben ist gering.

Der Vesuv ist kein Schildvulkan. Es handelt sich um eine viel gefährlichere Art, die als Stratovulkan bekannt ist. Anstelle eines abgeflachten Hügels aus fester Lava bestehen diese aus vielen Schichten verschiedener Substanzen - Lava, Bimsstein, Asche und zerbrochenes Gestein. Ihre innere Struktur ist komplex und unregelmäßig; die dicke, zähflüssige Lava, die sie manchmal ausstoßen, fließt langsam und kühlt schnell ab, wodurch steile, hoch aufragende Kegel entstehen. Stratovulkane sind unberechenbar und gewalttätig. Die verworrenen Schichten in ihrem Inneren bilden Fallen und Blöcke, in denen sich Magma staut, bis Ereignisse weit unter der Erde genug Druck aufbauen, um den Block zu sprengen und einen Weg an die Oberfläche zu öffnen.

Tief unter dem Gipfel des Vesuvs - mehr als sechs Meilen tief in der Erdkruste - befindet sich eine Magmakammer, die durch geschmolzenes Gestein, das aus dem Erdmantel nach oben gedrückt wird, gefüllt bleibt. Solange das zentrale Rohr des Vulkans blockiert ist, bleibt das Magma in der Kammer. Es sitzt aber nicht einfach nur so da. In der glühenden Flüssigkeit finden langsame chemische Reaktionen statt. Beim Abkühlen kristallisieren Gesteine mit einem höheren Schmelzpunkt aus, und die Konzentration des im Magma gelösten Gases steigt drastisch an. Der Effekt ist wie das Schütteln einer Champagnerflasche. Äußerlich ändert sich nicht viel, aber früher oder später wird der Korken knallen.

Das ist natürlich der Grund, warum Champagnerkorken mit Draht gesichert werden. Den Vesuv kann man nicht mit Draht eindämmen.

Wenn der Druck in der Magmakammer ansteigt, wird das Gestein darüber belastet. Dies hat keine offensichtlichen Auswirkungen, solange sich die gesamte Aktivität meilenweit unten in der Kruste abspielt. Wenn jedoch Magma aus der Kammer entweicht und durch die Röhre zu einem Block aufsteigt, der näher am Gipfel liegt, zeigen sich erste Anzeichen. Der immense Druck kann ausreichen, um den gesamten Berg zu verformen. Die Seiten des Vesuvs wölben sich leicht. Unter den Hängen bauen sich enorme Spannungen auf. Manchmal bekommt das Gestein Risse oder verschiebt sich, wodurch die Spannung nachlässt. Das Ergebnis ist ein örtlich begrenztes - aber oft extrem heftiges - Erdbeben.

Es ist unmöglich, mit Sicherheit zu sagen, was das Erdbeben von 62 n. Chr. verursacht hat, aber der Vesuv ist ein Hauptverdächtiger. Nach dem Beben wurden 600 Schafe in der Nähe von Pompeji tot aufgefunden. Tote Tiere sind oft ein Anzeichen dafür, dass ein scheinbar ruhender Vulkan zum Leben erwacht und giftige Gase an die Oberfläche dringen lässt. Diese Gase sind in der Regel schwerer als Luft und sammeln sich in der Regel in tieferen Lagen, wo sie manchmal das Vieh einschließen und töten. Bei Eruptionen in Island verenden Schafe oft an Kohlendioxid-Erstickung.[xxiii] Es gibt nicht viele Dinge, die ganze Schafherden töten können, ohne Spuren zu hinterlassen. Daher ist es wahrscheinlich, dass die Erschütterung der Erde durch einen Druckanstieg tief unter dem Berg verursacht wurde.

Nero ist vor allem als der Kaiser bekannt, der fiedelte, während Rom brannte, obwohl er sich zum Zeitpunkt der Katastrophe 40 Meilen entfernt in Antium aufhielt[xxiv] und nach dem Brand seine Paläste als Unterkunft für die Obdachlosen anbot. Er besaß jedoch ein gewisses musikalisches Talent und trat gerne im Theater auf. Aufgrund seines tyrannischen Rufs - der Historiker Tacitus beschuldigte ihn, Christen in seinem Garten als neuartige Fackeln verbrennen zu lassen - lautete die ungeschriebene Regel, dass niemand das Theater verlassen durfte, während der Kaiser auf der Bühne stand. Dies hätte gleich zu Beginn seiner Theaterkarriere beinahe katastrophale Folgen gehabt. Bei seiner ersten Aufführung in Neapel im Jahr 64 n. Chr. begann das Theater zu beben. Nero sang weiter. Die Zuschauer saßen nervös da und sahen zu, wie die Erschütterungen immer schlimmer wurden, bis der Kaiser sein Lied beendet hatte.[xxv] Sobald er fertig war, stürmten sie zur Tür. Kurze Zeit später stürzte das geschwächte Gebäude auf die leeren Sitze.[xxvi] Die Ursache des Erdbebens war wiederum mit ziemlicher Sicherheit der Vesuv.

Die geologische Struktur im Inneren des Vesuvs ist ein einziges Chaos. Uralte Lavaströme haben dicke Schichten aus hartem, undurchlässigem Gestein abgelagert, die Gas und Magma einschließen. Darunter mischen sich vulkanische Asche - eigentlich pulverisiertes Gestein und Rohglas - und Schichten aus anderem ausgeworfenen Material wie Tuff, Bimsstein und Tephra. Die Schichten sind nicht gleichmäßig. Der Berg hat im Laufe der Jahrmillionen eine Reihe von hohlen Kuppeln gebildet, die nacheinander zusammengebrochen sind, und die riesigen zerbrochenen Platten, die übrig geblieben sind, könnten fast so konzipiert sein, dass sie das zentrale Rohr blockieren. Erschwerend kommt hinzu, dass die abkühlende Lava zu Pfropfen erstarrt, die die letzten Lücken um den zerbrochenen Kegel abdichten. Jede Eruption hinterlässt weitere Millionen Tonnen Schutt, die den Schlund des Berges verstopfen und die nächste Explosion unausweichlich machen. Die Aktivität wird nicht ewig tief bleiben.

Früher oder später wird sich das Rohr füllen und der Vesuv wird wieder zu donnerndem Leben erwachen.

Wenn Magma aus der tiefen Kammer entweicht und das Rohr hinaufsteigt, verändert es sich schneller als zuvor. Da der Druck der kilometerlangen Gesteinsschichten weg ist, löst sich das Gas und dehnt sich aus. Der Druck steigt steil an. Jetzt ist es hoch in der Röhre blockiert, nur durch die Trümmer früherer Eruptionen von der Oberfläche getrennt. Noch immer sind Millionen Tonnen Gestein im Weg, aber die enorme Energie, die im Magma enthalten ist, beginnt in den Berg zu entweichen. Die Flanken des Vesuvs schwellen unmerklich an. Verirrte Rinnsale tödlichen Gases finden ihren Weg nach draußen und treiben unsichtbar bergab, vielleicht zerstreuen sie sich in der Atmosphäre, vielleicht füllen sie lautlos ein kleines Tal oder eine Mulde und verwandeln sie in eine Falle. Quellen versiegen.[xxvii] Bäche ändern plötzlich ihren Lauf. Zehn Milliarden Tonnen belastetes Gestein spalten sich und bewegen sich um einen halben Zoll, wodurch die Bucht mit einem Energieimpuls getroffen wird, der dem von tausend Tonnen Sprengstoff entspricht. Ab dem 20. August 79 n. Chr. bebt der Boden unter Pompeji wiederholt. Das Rohr ist jetzt voll, und die enorme Kraft des Drucks versucht, abzufließen und sich zu entladen - all diese Aktivität wird durch den winzigen Teil verursacht, der es schafft. Das meiste davon geht jedoch nirgendwo hin; der Berg hält es zurück. Für den Moment.

Teil III: Tod im August

Die Einwohner von Pompeji hatten das Erdbeben von 62 n. Chr. sicher nicht vergessen; die Spuren der Schäden waren noch überall zu sehen. Als am 20. August 79 eine neue Serie von Beben einsetzte, versuchten die meisten Menschen, sie zu ignorieren, doch als die kleinen Beben weiter anhielten, waren einige so beunruhigt, dass sie an eine Abreise dachten. In den folgenden drei Tagen fassten viele Menschen den Entschluss, ihre Sachen zu packen und zu gehen, zumindest vorübergehend. Einige Archäologen glauben, dass bis zu einem Drittel der Bevölkerung Pompejis die Stadt verließ. Zunächst war die Zahl der Flüchtlinge wahrscheinlich nur gering, doch als das Magma das Zuleitungsrohr des Vulkans hinaufdrückte und die Beben immer häufiger auftraten, schwoll ihre Zahl wahrscheinlich an, bis Tausende von Menschen die Stadt verließen. Es war immer noch die Angst vor einem weiteren schweren Erdbeben, die sie ängstigte. Niemand hatte Bedenken wegen des Vesuvs.

Der explodierende Berg

Gaius Caecilius Cilo, 18 Jahre alt im August 79, verbrachte die meiste Zeit mit dem Studium der Rhetorik an einer privaten Hochschule in Rom. Sein Lehrer war der berühmte Quintilian, so dass er die besten Lektionen in Logik, Überzeugung und Argumentation erhielt, die sich ein Student wünschen konnte, aber wann immer er die Gelegenheit hatte, schlich er sich nach Misenum, um seinen Lieblingsonkel zu besuchen. Sein Vater war gestorben, als er noch ein Kind war, und er war von seiner Mutter aufgezogen worden, aber kurz nachdem er nach Rom gezogen war, um dort zu studieren, hatte er begonnen, mehr Zeit mit seinem Onkel zu verbringen, und die beiden hatten angefangen, die Gesellschaft des jeweils anderen zu genießen. Gaius Caecilius war ein eifriger Student, und obwohl er die Rhetorik manchmal langweilig fand, faszinierte ihn die Arbeit seines Onkels. Gaius Plinius Secundus, heute besser bekannt als Plinius der Ältere,[3] , war einer der führenden Gelehrten Roms auf dem Gebiet der

Wissenschaft und Naturgeschichte. Er war auch politisch gut vernetzt und ein angesehener militärischer Führer, der als junger Infanterieoffizier in Deutschland gekämpft hatte und dann zum Befehlshaber von Armeen in Frankreich, Nordafrika und Spanien aufgestiegen war.

---

[3] In seinem Testament adoptierte Plinius offiziell seinen Neffen, der dann den Namen Gaius Plinius Caecilius Secundus annahm. Heute ist er als Plinius der Jüngere bekannt.

Anfang 79 suchte Kaiser Vespasian, der im Juni nach kurzer Krankheit sterben sollte, einen neuen Befehlshaber für die Flotte in Misenum. Vespasian stammte wie sein Freund Plinius aus dem niederen Adel und hatte sich in der Armee hochgearbeitet. Er entschied, dass Plinius ein idealer Admiral sein würde - die Römer betrachteten Kriegsschiffe als mobile Schlachtfelder, auf denen Marinesoldaten kämpfen konnten, weshalb ihre Marinekommandeure in der Regel auch Offiziere der Infanterie waren - und bot ihm die Stelle an. Plinius nahm das Angebot an und machte sich auf den Weg nach Misenum, von wo aus er sofort damit begann, Briefe mit Beschreibungen der Landschaft, der Naturgeschichte und der Städte zu schreiben. Sein Neffe gewöhnte sich schnell daran, ihn zu besuchen, wann immer er konnte, und der Zufall wollte es, dass er am 24. August 79 n. Chr. hier war.

Der Flottenstützpunkt war 18 Meilen vom Vesuv und 20 Meilen von Pompeji entfernt, so dass Caecilius nicht viel von dem sehen konnte, was auf der anderen Seite der Bucht geschah. Er verbrachte den Vormittag damit, zu studieren und mit seiner Mutter zu sprechen, die mit ihm nach Misenum gereist war; die anhaltenden Erdbeben waren schwach zu spüren, aber es schien nichts zu geben, was ihn sehr beunruhigte. Dann, am frühen Nachmittag, änderte sich das plötzlich und dramatisch.

Das Zuleitungsrohr zum Gipfel des Vesuvs war jetzt völlig überfüllt, und der immense Druck des von unten aufsteigenden Magmas und des Gases, das aus dem geschmolzenen Gestein entweichen wollte, belastete den Berg in unerträglicher Weise. Es ist wahrscheinlich, dass der Gipfel bereits Risse aufwies, kleine Aschewolken ausspuckte und einige Küstenbewohner in Angst und Schrecken versetzte. Gegen 13.00 Uhr brach der Felspfropfen, der den Druck zurückgehalten hatte, auf katastrophale Weise zusammen. Das Magma brach nach oben aus; als der Druck nachließ, blubberte das darin gelöste Gas sofort auf und dehnte sich aus, so dass die Spitze des Vulkans in einer riesigen Wolke aus zertrümmertem Gestein und schäumender Lava explodierte.

In Misenum sah die Mutter des Caecilius eine seltsame Wolke landeinwärts aufsteigen und bat Plinius, der gerade mit seinen Büchern arbeitete, sie zu betrachten. Plinius und sein Neffe eilten nach draußen, um zu sehen, was vor sich ging, und sahen sich einem erschreckenden Anblick gegenüber. Eine graue Säule türmte sich über dem Berg auf und weitete sich an der Spitze zu einer Wolke aus. Später schrieb der junge Mann in einem Brief an Tacitus: *"Ich kann Ihnen keine genauere Beschreibung ihres Aussehens geben, als wenn ich sie mit einer Kiefer vergleiche; denn sie schoss zu einer großen Höhe in Form eines hohen Stammes empor, der sich an der Spitze wie in Ästen ausbreitete"*[xxviii] Sie erreichte sicherlich eine große Höhe; moderne Vulkanologen schätzen, dass die Wolke bis zu 18 Meilen hoch war. Als der gewaltige Aufwärtsimpuls schließlich versiegte, begann sich das leichtere Material seitlich auszubreiten, meist in Richtung Pompeji.

Die Flotte

Plinius, der sich für Naturgeschichte interessierte, erkannte schnell, dass es sich um einen gewaltigen Vulkanausbruch handelte. Seine Neugier trieb ihn dazu, das Geschehen zu untersuchen, aber Misenum war zu weit vom Vesuv entfernt, um viel zu sehen. Er musste näher an den Berg herankommen. Glücklicherweise standen ihm Transportmittel zur Verfügung - schließlich befehligte er die größte Flotte des Römischen Reiches. Nun gab er den Befehl, einen schnellen, leichten Kutter vorzubereiten, und lud seinen Neffen ein, ihn zu begleiten. Der junge Mann lehnte ab, denn er hatte noch etwas zu tun, unter anderem eine Schreibaufgabe für Plinius selbst.

Zu diesem Zeitpunkt betrachtete Plinius den Ausbruch als ein interessantes Naturphänomen, das ein gutes Kapitel in einem seiner Bücher abgeben würde, aber in Pompeji wurde er schnell zu einer Krise. Der Vesuv stieß mit unglaublicher Geschwindigkeit Material aus; *jede Sekunde wurden* über 1,5 Millionen Tonnen glühend heißer Trümmer in den Himmel geschleudert. Das leichteste Material stieg auf einem Strahl überhitzten Dampfs meilenweit auf und wurde von den vorherrschenden Winden nach Südosten getrieben, aber die schwereren Teile fielen viel näher am Berg herunter. Das meiste, was aus dem Vulkan ausbrach, war Bimsstein, ein leichtes Gestein - es schwimmt sogar auf Wasser -, das entsteht, wenn sich schäumende Lava an der Luft abkühlt. Darunter mischten sich große Mengen vulkanischer Asche, Fragmente von zerbrochenem Gestein. Jetzt fielen Bimssteinbrocken von bis zu einem Zentimeter Größe in einem dichten Regen auf Pompeji. Einige der Menschen, die die Erdbeben ignoriert hatten, begannen nun aus der Stadt zu fliehen und verteilten sich auf das Land im Nordosten, wo der Steinbeschuss weniger stark war. Der Bimssteinsturm war gefährlich; die Brocken waren nicht schwer, aber sie fielen mit einer gewissen Geschwindigkeit, und sie waren heiß. Jeder, der sich draußen aufhielt, würde zumindest Prellungen und leichte Verbrennungen davontragen, und es bestand auch die Gefahr schwerer Verletzungen durch einstürzende Gebäude oder größere Gesteinsbrocken, die der Vulkan herausschleuderte. Die meisten der Geflüchteten schafften es, sich in Sicherheit zu bringen, aber die Mehrheit der Bevölkerung, die in ihren Häusern oder an ihren Arbeitsplätzen Schutz suchte, hielt es für sicherer, in Deckung zu bleiben. Dies wäre jedoch keine angenehme Option gewesen, da die Temperatur durch die ständige Anhäufung von heißem Bimsstein in die Höhe getrieben wurde. In der Mitte des Nachmittags waren die Dachziegel auf glühende

280°F erhitzt, heiß genug, um chemische Veränderungen zu verursachen, die Archäologen noch viele Jahrhunderte später nachweisen konnten.[xxix] In den Gebäuden wäre es zwar heiß gewesen, aber nicht gefährlich. Die Chance zu entkommen, schwand jedoch immer mehr. Im Laufe der Stunden türmte sich der Bimsstein auf den Dächern und in den Straßen weiter auf. Wenn ein oder zwei Fuß die Stadt bedeckt hätten, wäre es viel schwieriger gewesen, aus der Stadt zu kommen. Da der Bimsstein leicht war und aus grobkörnigen Kügelchen bestand, bildete er keine vollkommen feste Oberfläche, und jeder, der versucht hätte, ihn zu überqueren, wäre mit den Füßen eingesunken und langsamer geworden. Es wäre schlimmer gewesen als auf Sand zu laufen - eher so, als würde man durch eine Kinderballgrube waten, nur mit rauen, heißen Kugeln, die die Haut versengen und aufreißen.

Zurück in Misenum plante Plinius immer noch eine wissenschaftliche Untersuchung des Ausbruchs, doch bevor sein Schiff in die Bucht hinausfahren konnte, traf ein berittener Bote ein. Plinius hatte viele Freunde unter der örtlichen Aristokratie, und nun bat einer von ihnen um Hilfe. Rectina besaß eine Küstenvilla am Fuße des Berges, die von der Eruption getroffen wurde. Es sei unmöglich, auf dem Landweg zu entkommen, schrieb sie. Könnte Plinius also eine Rettung auf dem Seeweg arrangieren?

Die Nachricht von Rectina ist eines der Rätsel dieses Tages. Ihre Villa war Stunden von Misenum entfernt, selbst zu Pferd. Wenn ihr Appell also durch die Explosion ausgelöst worden war, konnte er den Admiral nicht erreichen, bevor er lossegelte. Wahrscheinlich war der Explosion ein früherer, kleinerer Ascheregen vorausgegangen, der von den Beobachtern im Stützpunkt nicht bemerkt worden war. Wie auch immer, das Timing war perfekt. Als Plinius erkannte, dass eine Katastrophe drohte, setzte er die Basis in Bewegung und befahl, dass alle Schiffe sofort auslaufen und mit der Evakuierung der Siedlungen entlang der Küste beginnen sollten. Sein eigener Kutter war inzwischen bereit und er segelte in Richtung von Rectinas Haus. Rectina hatte eine Evakuierung veranlasst, die wahrscheinlich mehrere tausend Menschen rettete, aber ihr eigenes Schicksal ist leider unbekannt. Als sich das Schiff ihrer Villa näherte, wurde der Bimssteinregen dichter und schwerere, heißere Geschosse prasselten um sie herum nieder. Kleine Erdbeben erzeugten in der Bucht Miniatur-Tsunamis, während sich das Meer vom Land zurückzog und dann wieder an Land stürzte. Eine neue und viel tödlichere Bedrohung wurde ebenfalls deutlich. Vom Schiff aus konnten sie hoch aufragende Wolken sehen, die die Hänge des Berges hinunterrollten und die Küste verdeckten. Dies war der erste der pyroklastischen Ströme.

Verbrennung

Am späten Nachmittag geriet die Dampfsäule, die die Wolke hoch in den Himmel pumpte, vorübergehend ins Stocken. Sofort brach die Schuttsäule um den Gipfel des Berges zusammen und floss die Hänge hinunter. Dutzende Millionen Tonnen Bimsstein, pulverisiertes Gestein und heißes Gas setzten sich in Bewegung und rasten mit einer Geschwindigkeit von bis zu 450 Stundenkilometern bergab. Diese erste Welle hatte keine Energie mehr, bevor sie Pompeji erreichte, aber der Fischereihafen von Herculaneum wurde ausgelöscht, und wahrscheinlich wurde auch die Villa von Rectina zerstört. Auch die Schiffe in der Bucht waren in Gefahr. Der gesunde Menschenverstand sagt, dass eine heiße Masse, die auf das Meer trifft, schnell gelöscht wird, aber die Realität ist bizarr und erschreckend. Die schwereren Felsen platschen ins Wasser und verdampfen sofort riesige Mengen an Dampf. Dies stützt die Überreste der Strömung, die nun aus kleineren

Bruchstücken und Gas besteht, und anstatt aufzuhören und abzukühlen, *beschleunigt* sie sich sogar.[xxx] Als Krakatoa 1883 explodierte, durchquerte ein Strom 30 Meilen Wasser und traf auf die Küste Sumatras. Plinius und seine Flotte waren in akuter Gefahr, verbrannt zu werden. Nun drängte Plinius' Navigationsoffizier ihn zur Umkehr, aber Plinius war fest entschlossen, etwas zu erreichen. "Das Glück begünstigt die Tapferen", sagte er und befahl dem Schiff, die Heimat von Gaius Pomponianus anzusteuern.

Pomponianus war sowohl mit Tacitus als auch mit Plinius befreundet und machte später eine glänzende politische und militärische Karriere. Im Moment steckte er jedoch in Schwierigkeiten. Der Dampfstrom aus der unterirdischen Magmakammer hatte wieder eingesetzt und der Vesuv stieß erneut eine gewaltige Wolke aus. Seine Villa in Stabiae, einige Meilen südlich von Pompeji, war von den herabfallenden Bimssteinen abgeschnitten und begann, Schaden zu nehmen. Pomponianus besaß ein eigenes Schiff, und er hatte der Mannschaft befohlen, sich zur Abfahrt bereit zu machen, aber der starke Nordwestwind, der die Wolke in Richtung Pompeji trieb, hatte auch das Schiff in seinem Privathafen eingeschlossen. Plinius hoffte, dass sein wendigeres Kriegsschiff in der Lage sein würde, in den Hafen zu gelangen, seinen Freund zu retten und dann wieder zu entkommen. Währenddessen saß der dicke Admiral an Deck, beobachtete alles, was geschah, und machte sich endlose Notizen.

Wenn er das überstehen würde, dachte er
vielleicht, würde die nächste Ausgabe seiner
Enzyklopädie die beste Beschreibung eines
Vulkanausbruchs enthalten, die je geschrieben
wurde.[4]

---

[4] Plinius' *Naturalis Historia* oder *Naturgeschichte* war die erste
Enzyklopädie, und alle modernen Enzyklopädien folgen ihrem Stil.

Als Plinius die Villa von Pomponianus erreichte, stellte er fest, dass sie im Moment nicht in großer Gefahr war, aber Pomponianus und die anderen Bewohner waren der Panik nahe. Der Admiral beschloss, dass es an der Zeit war, mit gutem Beispiel voranzugehen, und er begann, die Zivilisten zu beruhigen, dass die Situation nicht so heimtückisch war, wie sie dachten. Er nahm ein Bad - eine seiner Lieblingsbeschäftigungen - und aß dann ganz entspannt und gesprächig zu Abend. Dann begab sich die Gruppe auf die Terrasse, um die Eruption zu beobachten. Es war jetzt dunkel. Der Mond stand hoch im Süden und war mehr als halb voll, aber er wurde von der Wolke des Vesuvs völlig verdeckt. Die Nacht, so schrieb Plinius, war dunkler als irgendwo auf der Erde. Eigentlich hätte man den Vulkan nicht sehen können, aber der hoch aufragende Berg wurde von Zeit zu Zeit von Flammen erhellt, die seine Hänge hinabstürzten. Das war kein Grund zur Beunruhigung, tröstete Plinius seine Begleiter;

es brannten nur Dörfer, die inzwischen sicher verlassen waren. Es bestand keine Gefahr.

Plinius könnte sich geirrt haben. Andererseits könnte er auch gelogen haben - wenn irgendjemand in der antiken Welt wusste, was ein pyroklastischer Strom ist, dann war es wahrscheinlich der intellektuelle Admiral. Sicher ist, dass die Flammen des Vesuvs keine Bauernhöfe waren, die brannten. Die Eruption änderte ihr Muster, von der explosiven Säule des Nachmittags (was ihm zu Ehren heute als *Plinianische* Eruption bezeichnet wird) zu einer *Peleanischen* Phase, in der der Vulkan schwerere, dichtere Wolken in einer Reihe von gigantischen Rülpsern ausspuckte. Diese Auswürfe waren zu schwer, um auf der Dampfsäule aufzusteigen, und ergossen sich über den Kraterrand und rasten als eine erdrückende Wand aus überhitzter Verwüstung den Berg hinunter. Mindestens zwei Ströme trafen in der Nacht auf Herkulaneum und legten einen dicken Teppich aus Gesteinsfragmenten nieder, der den Hafen schließlich unter 75 Fuß Asche begrub und die Küstenlinie Hunderte von

Metern weiter in die Bucht hinausschob. Zwischen den Strömen donnerte die Wolke erneut in den Himmel, setzte die Bombardierung fort und schloss die Überlebenden von Pompeji in ihren Häusern ein. Der Bimsstein verdichtete sich weiter über der dem Untergang geweihten Stadt, und am Morgen des 25. August waren die Straßen mit über drei Metern Bimsstein bedeckt. Ein Entkommen war nun so gut wie unmöglich, und die Dächer begannen unter der Last zusammenzubrechen. Den Menschen blieb nichts anderes übrig, als sich in den stabilsten Räumen ihrer Häuser einzuschließen und für das Ende des Holocausts zu beten.

Der Admiral

Plinius' Jahre in der Armee hatten ihn gelehrt, zu schlafen, wann immer er die Gelegenheit dazu hatte, und das tat er jetzt. Er zog sich in eines der Gästezimmer des Pomponianus zurück und streckte seine üppige Gestalt auf dem Bett aus, und schon bald konnten die Diener draußen in der Halle zufriedenes Schnarchen hören. Die Situation verschlimmerte sich jedoch, und erneute Beben begannen das Haus zu erschüttern. Schließlich weckten sie Plinius. Als er nach draußen blickte, sah er, dass sich der Hof vor seinem Zimmer langsam mit Bimsstein füllte, und es war klar, dass das Fenster für eine Flucht immer kleiner wurde. Der Rest der Gruppe war zu nervös gewesen, um zu schlafen, und wurde zunehmend unruhiger. Der Versuch, in der Dunkelheit zum Kriegsschiff zurückzukehren, war zu gefährlich, und im Haus zu bleiben, war ebenso undenkbar, also begann Plinius, Vorbereitungen für eine Flucht bei Tagesanbruch zu treffen. Er schickte seine Diener los, um Kissen und Servietten aus dem ganzen Haus zu sammeln. So exzentrisch dieser Befehl auch schien, er hatte einen Plan und setzte ihn bei Tagesanbruch in die Tat um.

Die größte Gefahr würde der herabfallende Bimsstein darstellen; selbst dieses leichte Gestein könnte bei einem Fall aus 90.000 Fuß Höhe schlimme Verletzungen verursachen, so dass ein gewisser Schutz erforderlich wäre. Hier kamen die weichen Einrichtungsgegenstände ins Spiel. Plinius befahl jedem seiner Begleiter, ein Kissen zu nehmen und es sich mit einer Serviette auf den Kopf zu binden. Das, so versicherte er ihnen, würde genug Schutz bieten, um den Bimsstein abzuwehren und ernsthafte Verletzungen zu vermeiden.

Plinius' Plan schien bizarr, aber er funktionierte. Mit brennenden Fackeln, um die unnatürliche Dunkelheit des Tages zu vertreiben, bahnte sich die Gruppe einen Weg durch die Trümmer in Richtung Strand und Sicherheit. Ihre Rettung sollte sich jedoch verzögern. Als sie das Ufer erreichten, stellten sie fest, dass die Wellen immer noch hoch und heftig waren und dass es für das gestrandete Kriegsschiff keine Möglichkeit gab, sich wieder aufzurichten und in See zu stechen, bevor sie sich nicht beruhigt hatten. Sie ließen sich nieder und warteten. Plinius war nun von seinen Anstrengungen erschöpft und legte sich auf ein Stück Segeltuch. Zweimal bat er um Wasser und trank es dankbar. Langsam beruhigte sich das Meer. Die Matrosen beobachteten die Wellen, um abzuschätzen, wann sie die Ruder ausfahren und den leichten Rumpf zurück in die Bucht treiben konnten. Dann rollte das Getöse einer weiteren gewaltigen Erschütterung über die Landschaft, und sofort drehten sich alle um und blickten auf den Berg. Die Aschesäule war erneut zusammengebrochen.

Ein weiterer pyroklastischer Strom, der bisher größte, bahnte sich seinen Weg den Vesuv hinunter. Sie wälzte sich über die verbrannte Ebene, die Herculaneum gewesen war, und über das Wasser hinaus. Seine Ausläufer erreichten Misenum und erschreckten Caecilius und seine Mutter. Die Luftwelle, die dem Strom selbst vorauseilte, heiß und nach Schwefel stinkend, traf Plinius' Begleiter und verstreute sie in Panik. Der Admiral fluchte und rief zwei Diener herbei, die ihm halfen, seinen beleibten Körper aufzurichten, doch kaum hatte er seine Füße erreicht, brach er wieder leblos zusammen. Die Überlebenden erzählten seinem Neffen später, Plinius sei von giftigem Gas überwältigt worden, aber da niemand sonst in der Gruppe betroffen war, scheint das unwahrscheinlich. Plinius war stark übergewichtig, und in den Stunden zuvor hatte er unter großem Stress gestanden und sich so stark angestrengt wie seit Jahren nicht mehr. Mit ziemlicher Sicherheit fiel er einem massiven Herzinfarkt zum Opfer; als sein

Leichnam zwei Tage später geborgen wurde,
zeigte er keine Anzeichen einer Vergiftung,
sondern sah "*eher wie ein Schlafender als ein
Toter*" aus.[xxxi] Rom hatte einen begabten
Feldherrn, weisen Staatsmann und brillanten
Gelehrten verloren. Pompeji, das vier Meilen
näher am Vesuv lag als der Strand von Stabiae,
stand vor der völligen Vernichtung.

Der Tod von Pompeji

Drei vorangegangene pyroklastische Ströme hatten sich in der Nacht kurz vor Pompeji erschöpft und die überlebenden Bewohner der Stadt in ihren Häusern zusammengepfercht zurückgelassen. Nun versetzte das nahende Grollen des vierten Feuersturms die sterbende Stadt in einen letzten Anfall von Panik. Eltern schnappten sich ihre Kinder und krabbelten durch die mit Bimsstein verstopften Straßen, um sich in Sicherheit zu bringen, die weit außerhalb ihrer Reichweite lag. Eine Mutter trug ihr Baby durch die herabfallenden Trümmer, während sich ihre beiden älteren Kinder neben ihr abmühten. Ein Bankier stand im Tresorraum unter seinem Haus und blickte traurig auf einen Stapel Gold- und Silbermünzen. Gestern hatte ihn sein Reichtum noch zu einem der führenden Bürger der Stadt gemacht, heute war er wertlos. In einem der beliebtesten Bordelle der Stadt kauerte eine Frau in den Dreißigern unter ihrem Bett, in der Hoffnung, es würde sie vor dem nächsten Ansturm schützen, so wie es sie vor dem endlosen Steinregen geschützt hatte. Verängstigte Bürger zappelten und kämpften an den halb verschlossenen Toren. Am Tor von Herculaneum stand ein einsamer Wächter stoisch unter einem Bogen; niemand hatte ihm befohlen, seinen Posten zu verlassen, also würde er bleiben. Andere kletterten resigniert auf die Wälle und blickten in Richtung Berg, entschlossen, sich dem Kommenden wie Römer zu stellen. Sie waren die Vernünftigen. Ein Kampf ums Überleben im letzten Moment war sinnlos. Es gab jetzt kein Entkommen mehr.

Eine Wand aus glühendem Vulkangas stürzte mit über 300 km/h auf Pompeji zu und riss eine Million Tonnen pulverisiertes Gestein und Schlacke mit sich. Als der feurige Wind durch die Straßen wirbelte, verlangsamte er sich schnell und kühlte ab, aber selbst dann hatte er immer noch fast 400°F, als er über die Stadt strömte. Da der Strom dicht mit erhitzten Gesteinspartikeln gefüllt war, transportierte er weit mehr Energie als saubere Luft mit der gleichen Temperatur. Für die Überreste von Pompeji war das sogar eine Gnade. Viele Jahre lang glaubten Archäologen, die Opfer seien an der Vulkanasche erstickt, was ein langsames und qualvolles Ende bedeutet hätte. Heute weiß man, dass der Tod sofort durch die Hitze des Stroms eintrat.[xxxii] Männer, Frauen und Kinder brachen auf der Straße zusammen, als der Sturm sie erfasste, und erstarrten zu Statuen, während ihre Muskeln verkohlten. Die Kraft des vulkanischen Windes brach durch Türen und Fenster und füllte Lagerräume, Keller und jeden anderen Ort, an dem jemand Zuflucht gesucht haben könnte - sogar unter einem Bett. Fast alles, was über die Bimssteinschicht hinausragte, wurde weggemäht.

Die Tortur von Pompeji hatte seit den ersten Bimssteinregen über 17 Stunden gedauert. Tausende waren geflohen. Weitere Tausende waren gestorben. Nun versetzte der Vesuv der Stadt innerhalb von Sekunden den *Gnadenstoß*. Menschen, Tiere, Pflanzen - die Flutwelle löschte alles Leben aus, als sie durch die Stadt brauste. Die riesigen Gesteinsmassen, die von der Flut mitgerissen wurden, legten sich über die Ruinen und begruben diejenigen, die sie getötet hatten. Später am Morgen fegten zwei weitere Fluten über Pompeji hinweg, aber es war nichts mehr da, was man hätte töten können. Mehr Asche bedeckte die Trümmer und bedeckte die Überreste von bis zu 16.000 Menschen. Als sich am 26. August die letzten Wolken verzogen und die Suche nach Überlebenden begann, war Pompeji spurlos verschwunden.

Teil IV: Entdeckung und Konservierung

Nach der Katastrophe bauten die Römer die Gegend um den Golf von Neapel wieder auf, und im Laufe der Jahrhunderte entwickelten sich die neuen Siedlungen allmählich zu den modernen italienischen Städten, die heute dort stehen. Pompeji geriet in Vergessenheit, sein Name ist nur noch einigen wenigen Gelehrten der antiken Geschichte bekannt. Das Römische Reich dehnte sich aus und beherrschte ganz Europa sowie den größten Teil Nordafrikas und des Nahen Ostens, stagnierte dann, wurde geschwächt und spaltete sich. Das Christentum, eine verachtete, von den Cäsaren kaum geduldete Sekte, wurde zur offiziellen Religion des zerfallenden römischen Staates. Barbaren plünderten Rom und das Zentrum des Reiches verlagerte sich nach Osten, nach Byzanz. Die Geschichte ging weiter. Unter der Ebene von Neapel jedoch lag eine römische Stadt wie eingefroren und wartete darauf, entdeckt zu werden.

Im Jahr 1599 gruben Arbeiter einen unterirdischen Kanal zur Umleitung des Flusses Sarno aus, als sie tief unter einer Schicht weicher Vulkanasche auf eine antike, mit römischen Fresken verzierte Mauer stießen. Einer der führenden Architekten dieser Zeit, der in der Schweiz geborene Domenico Fontana, wurde hinzugezogen, um die Ruinen zu untersuchen, und er erkannte schnell, dass sie römisch waren. Wahrscheinlich sah er auch eine Inschrift, die den Namen Pompeji enthielt, aber Fontana beschloss, die Wiederentdeckung einer verlorenen römischen Stadt nicht zu verkünden. Stattdessen deckte er die Mauern wieder zu und riet den Arbeitern, ihren Kanal umzuleiten. Dies war wahrscheinlich ein kluger Schachzug; im späten 16.th Jahrhundert kämpfte die Kirche gegen eine steigende Flut von "ketzerischem" Gedankengut und wissenschaftlichen Entdeckungen, und ihre Reaktion auf die erotischen Gemälde und Fresken von Pompeji ist leicht vorauszusehen. Fontana hatte vielleicht die Absicht, die Bilder zu verstecken, weil er sie als anstößig empfand, aber der Effekt war, einen Akt des kulturellen Vandalismus zu verhindern.

Die nächste Entdeckung römischer Ruinen erfolgte im Jahr 1738, aber diesmal war es Herculaneum, das gefunden wurde. Arbeiter, die die Fundamente für einen neuen Palast aushoben, stießen auf den zerstörten Fischereihafen, und dieses Mal wurde der Fund bekannt gegeben. Die Renaissance war in vollem Gange, und die wiederentdeckte römische Kultur wurde nun als etwas angesehen, das gefeiert und nicht aus Prüderie ausgelöscht werden sollte, so dass die Entdeckung für große Aufregung sorgte. Die Entdeckung war auch von politischer Bedeutung, denn sie bewies, dass Neapel schon in der Vergangenheit ein wichtiges Gebiet gewesen war. Mit dem erneuten Interesse an den Ruinen der Region begann eine neue Suche nach Pompeji, und die Stadt wurde 1748 wiederentdeckt. Nun begannen ernsthafte Ausgrabungen mit dem Ziel, die antiken Gebäude wieder ans Tageslicht zu bringen.

Die meisten archäologischen Ausgrabungen sind relativ oberflächlich und umfassen in der Regel nur ein paar Meter Boden. In Pompeji war das anders. Die Ruinen waren bis zu 70 Fuß mit vulkanischem Schutt bedeckt, so dass riesige Mengen an Gestein und Asche weggeräumt werden mussten. Im Laufe eines Jahrhunderts gelang es einer Reihe von Ingenieuren, Teile der Stadt freizulegen. Leider waren ihre Techniken oft grob, und es ist wahrscheinlich, dass viele wertvolle Informationen verloren gingen, aber sie lernten dazu. Eine Sache, die den Archäologen Rätsel aufgab, waren seltsame Vertiefungen in der Asche, die jeweils ein einzelnes menschliches Skelett enthielten. Im Jahr 1863 hatte Giuseppe Fiorelli eine Idee. Als einer seiner Arbeiter das nächste Mal auf eine dieser seltsamen Vertiefungen stieß, spritzte Fiorelli Gips hinein und ließ ihn aushärten, dann räumte er vorsichtig die umgebende Asche weg. Die Hohlräume waren die Hinterlassenschaften der Verwesung der Leichen, und Fiorelli hatte einen naturgetreuen Abguss angefertigt, der zeigte, wie die Leiche ausgesehen hatte, als die Asche sie begrub. Diese Technik wird immer noch angewandt,[xxxiii] , obwohl Harz den Gips ersetzt.

Die Ruinen von Pompeji zogen schon bald Besucher an, und zu Beginn des 19.th Jahrhunderts waren sie Teil der bei der Oberschicht beliebten "Grand Tour" durch Europa. Heute besuchen mehr als 2,6 Millionen Menschen pro Jahr die Ruinen. Das ist eine gute Nachricht für die örtliche Wirtschaft, denn der Tourismus bringt viel Geld ein und sichert einen großen Teil der Arbeitskräfte. Aber auch für die Touristen ist das eine gute Nachricht. Die Raffinesse des antiken Roms ist aus Büchern nur schwer zu erkennen, aber in Pompeji ist sie bemerkenswert offensichtlich. Das Einzige, wofür der Tourismus nicht gut ist, sind die Ruinen selbst. Der ständige Verkehr durch die alten Straßen schädigt sie langsam, und die örtlichen Behörden versuchen, die Besucher davon zu überzeugen, Herculaneum und andere Stätten zu besuchen, um den Druck auf Pompeji selbst zu mindern.

Das Problem ist, dass die Ruinen 1.700 Jahre lang durch die Asche und den Bimsstein, die sie bedeckten, weitgehend geschützt waren, aber sobald ein Teil ausgegraben wird, ist er anfällig. Regen und Wind verursachen Erosion und können Gemälde beschädigen; Touristen stören das Kopfsteinpflaster und stehlen oder vandalisieren manchmal Gegenstände, was unglaublich ist. Es besteht die reale Gefahr, dass die letzten Spuren von Pompeji zerstört werden, wenn sie nicht richtig gepflegt werden, nachdem sie alles überstanden haben, was der Vesuv auf sie werfen konnte; 2010 stürzte die *Schola Armatorum*, das Haus der Gladiatoren, ein.[xxxiv] Es wird vermutet, dass starke Regenfälle die Fundamente beschädigt hatten, und einige Archäologen haben die örtlichen Behörden beschuldigt, die Stätte zu vernachlässigen.

Die Größe Pompejis und die Vielzahl der Bedrohungen, denen die Ruinen ausgesetzt sind, machen die Erhaltung zu einer echten Herausforderung. Neben dem Tourismus und der Erosion können viele andere Faktoren Schaden anrichten; das Sonnenlicht lässt zum Beispiel die antiken Malereien verblassen. Pflanzen besiedeln die Altstadt und ihre Wurzeln zerbröseln Ziegel und Fliesen. Selbst die ersten Versuche, einigen Gebäuden ihr ursprüngliches Aussehen wiederzugeben, haben irreparable Schäden verursacht. Begrenzte finanzielle Mittel schränken die Möglichkeiten ein, und es wird Druck ausgeübt, die Ausgrabung neuer Teile der Stadt zu stoppen, bis das, was bereits freigelegt ist, angemessen geschützt ist. In den letzten Jahren wurden jedoch viele Fortschritte erzielt, und es gibt Hoffnung für die Zukunft.

Schlussfolgerung

Die Kultur des antiken Roms hat Historiker und die Öffentlichkeit fast seit dem Zusammenbruch des Reiches fasziniert. Vieles von dem, was die Menschen über sie wussten oder glaubten, war jedoch fragwürdig. Die Vorstellungen basierten auf schriftlichen Werken, die im Laufe der Jahrhunderte oft kopiert und wieder kopiert wurden, und zwar von Kopisten, die die Texte möglicherweise nach ihren eigenen Vorstellungen veränderten. Bei den archäologischen Funden handelte es sich in der Regel um verstreute Gegenstände oder einzelne Gebäude. Niemand wusste wirklich, wie eine römische Stadt ausgesehen hatte, da die meisten von ihnen über Jahrhunderte hinweg ständig bewohnt waren und sich allmählich zu modernen Städten entwickelt hatten. Römische Gebäude wurden verändert, erweitert, abgerissen und ersetzt; ihre Straßen waren unter Eisenbahnlinien, Autobahnen oder Feldern verschwunden. Überlebende Bauwerke wie das Kolosseum waren zwar beeindruckend, aber weit entfernt von dem, was der typische römische Bürger bewohnte. Die Literatur, die Helden und die militärischen Eroberungen des Römischen Reiches wurden weiter erforscht, aber die Menschen selbst gerieten fast in Vergessenheit.

Die Wiederentdeckung von Pompeji hat all dies geändert. Die Katastrophe vom 24. und 25. August 79 n. Chr. zerstörte eine blühende, wohlhabende Stadt und forderte Tausende von Menschenleben. Gleichzeitig wurde eine Zeitkapsel mit Gebäuden, Artefakten und anderen Gegenständen geschaffen, die ein detailliertes Bild vom Leben in einer römischen Stadt auf dem Höhepunkt der Macht des Imperiums vermitteln. Während Touristen durch die Straßen spazieren und die reiche Kultur bestaunen, die hier zu sehen ist, untersuchen Archäologen und Anthropologen Haushaltsgegenstände, architektonische Details und sogar den Inhalt von Müllhaufen und Toiletten, um langsam ein besseres Verständnis für die Menschen zu entwickeln, die in und um Pompeji lebten. In den letzten Jahren ist es immer offensichtlicher geworden, dass diese Menschen uns in vielerlei Hinsicht ähnlicher waren, als wir es uns je hätten vorstellen können.

Die Ruinen von Pompeji enthalten natürlich noch eine weitere Lektion, eine dunklere, an die man nicht so gerne denkt. Das Römische Reich, zu dem Pompeji gehörte, war die unangefochtene Supermacht seiner Zeit, sogar noch dominanter als die USA 20 Jahrhunderte später. Die militärische und wirtschaftliche Kontrolle über die gesamte Mittelmeerküste und ganz Europa bis hin zur schottischen Grenze war fest in einer Stadt am Tiber konzentriert. Als jedoch eine Naturgewalt wie ein Vulkan ausbrach, war die Macht der Römer hilflos.

Im August 79 lebten rund um den Golf von Neapel vielleicht 100.000 Menschen. Etwa 16.000 von ihnen starben. Heute leben fast 4 Millionen Menschen in demselben Gebiet, und sie alle leben - im übertragenen wie im wörtlichen Sinne - im Schatten des Vesuvs. Der brütende Berg ist seit fast 70 Jahren still, aber er ist immer noch aktiv. Die Geologen verfügen über bessere Instrumente, als sich Plinius je hätte träumen lassen, und hoffen, dass sie in der Lage sein werden, einen künftigen Ausbruch rechtzeitig vorherzusagen, um die Region zu evakuieren. Es gibt Evakuierungspläne, und man schätzt, dass alle Menschen innerhalb von sieben Tagen aus dem Gebiet gebracht werden könnten. Im Jahr 79 wurde nur vier Tage vor der Explosion gewarnt, aber mit modernen Hilfsmitteln wie GPS-Sensoren, die winzige Ausdehnungen im Berg aufspüren, und der chemischen Analyse von Gasen, die aus dem Untergrund entweichen, könnte die Vorwarnzeit länger sein. Wir können das nur hoffen, denn die

Frage ist nicht, *ob der* Vesuv wieder ausbricht. Die Frage ist, *wann*.

Literaturverzeichnis

[i] Spiegel Online, 3. Juli 2008, *Neapel Trash Trauma*
http://www.spiegel.de/international/europe/naples-trash-trauma-psychologists-to-counsel-italians-on-garbage-crisis-a-563704.html

[ii] The Independent, 19. März 2005, *Sowjetische Marine hat 20 Atomsprengköpfe in der Bucht von Neapel zurückgelassen"*.
http://www.independent.co.uk/news/world/europe/soviet-navy-left-20-nuclear-warheads-in-bay-of-naples-6150280.html

[iii] Strabo, *Geographica*, Buch 5, Kap. 4
http://www.perseus.tufts.edu/hopper/text?doc=Perseus:text:1999.01.0239:book=5:chapter=4&highlight=pompeii

[iv] Livius, Titus, *Ab Urbe Condita*, Buch 1

[v] Livius, Titus, *Ab Urbe Condit,* Buch 9

[vi] Plutarch, *Pyrrhus*, Buch 21 Kapitel 9.

[vii] Plinius, Gaius Secundus, *Naturalis Historia*, Buch 15 Kapitel 23

[viii] Jones, Benjamin, *A CHANGING DEFENSE: Roman Impetus for the Evolution of Pompeian Fortification,* S. 14

http://www.academia.edu/1231059/A_Changing_Defense_Roman_Impetus_for_Pompeiian_Fortification

[ix] Die interaktive Ausgrabung der Archäologie, 7. August 2001
http://interactive.archaeology.org/pompeii/field/5.html

[x] Jones, Benjamin, *A CHANGING DEFENSE: Roman Impetus for the Evolution of Pompeian Fortification,* S. 10

http://www.academia.edu/1231059/A_Changing_Defense_Roman_Impetus_for_Pompeiian_Fortification

[xi] Cicero, Marcus Tullius, *Pro Sulla*

http://www.egs.edu/library/cicero/articles/pro-sulla-oratio/
(Auf Lateinisch)
xii Universität von Chicago, *Das Amphitheater von Pompeji*

http://penelope.uchicago.edu/~grout/encyclopaedia_romana/g
ladiators/pompeii.html
xiii Tacitus, Publius Cornelius, *Annales*, Buch 14 Kapitel 17
xiv US Geological Survey, *Geschätzter Wasserverbrauch in den
Vereinigten Staaten im Jahr 2005*, S. 20
http://pubs.usgs.gov/circ/1344/pdf/c1344.pdf
xv The Conference Board of Canada, *Wie Kanada abschneidet -
Wasserentnahmen*

http://www.conferenceboard.ca/hcp/details/environment/wat
er-consumption.aspx
xvi Romanaqueducts.com
http://www.romanaqueducts.info/aquasite/serino/
xvii Apicius, *De re coquinaria*
xviii Claire Benn, *Pompeji und Herkulaneum. Wirtschaft -
Industrien und Berufe*
http://history-
sjcdubbo.wikispaces.com/file/view/Pompeii%20and%20Hercula
neum%20Economy.ppt#256,1,Pompeii und Herculaneum
Wirtschaft: Industrien und Berufe
xix Plinius, Gaius Secundus, *Naturalis Historia*, Buch 14 Kapitel 70
xx Claire Benn, *Pompeji und Herkulaneum. Wirtschaft -
Industrien und Berufe*
http://history-
xxi Claire Benn, *Pompeji und Herkulaneum. Wirtschaft -
Industrien und Berufe*
http://history-
xxii National Geographic, Apr 19, 2011, *Europa beginnt, unter
Afrika abzutauchen?*
http://news.nationalgeographic.com/news/2011/04/110419-
europe-africa-mediterranean-earthquake-risk-increasing-earth-
science/
xxiii Seed Daily, 25. Mai 2011, *In der Nähe des isländischen
Vulkans retten Bauern Tiere aus der Asche*

http://www.seeddaily.com/reports/Near_Iceland_volcano_far
mers_rescue_animals_from_ash_999.html
[xxiv] Tacitus, Publius Cornelius, *Annales*, Buch 15, Kapitel 39

http://penelope.uchicago.edu/Thayer/E/Roman/Texts/Tacitus/
Annals/15B*.html
[xxv] Suetonius, Gaius Tranquillus, *De Vita Caesarum*, Nero,
Kapitel 20

http://penelope.uchicago.edu/Thayer/E/Roman/Texts/Suetoni
us/12Caesars/Nero*.html
[xxvi] Tacitus, Publius Cornelius, *Annales*, Buch 15, Kapitel 34

http://penelope.uchicago.edu/Thayer/E/Roman/Texts/Tacitus/
Annals/15B*.html
[xxvii] Aktuelle Archäologie, Sep 28, 2008, *Besuch in Pompeji*
    http://www.archaeology.co.uk/cwa/world-
features/visiting-pompeii.htm
[xxviii] Plinius, Gaius Caecilius Secundus, *LXV. An Tacitus*
    http://www.bartleby.com/9/4/1065.html
[xxix] Zanella et al, *Einflüsse der städtischen Struktur auf
pyroklastische Dichteströme in Pompeji (Italien)*
    http://www.earth-
prints.org/bitstream/2122/2370/1/1245.pdf
[xxx] Freundt, Armin, *Eintritt von heißen pyroklastischen Strömen
ins Meer: experimentelle Beobachtungen*
    http://cat.inist.fr/?aModele=afficheN&cpsidt=14575991
[xxxi] Plinius, Gaius Caecilius Secundus, *LXV. An Tacitus*
    http://www.bartleby.com/9/4/1065.html
[xxxii] Mastrolorenzo et al, 2010, *Lethal Thermal Impact at
Periphery of Pyroclastic Surges: Evidences at Pompeii*
[xxxiii] BBC News, Apr 5, 20120, *Pompejis erfrorene Opfer
ausgestellt*
    http://news.bbc.co.uk/2/hi/europe/8599122.stm
[xxxiv] Sky News, 6. November 2010, *Einsturz des Gladiatoren-
Trainingszentrums in Pompeji*

http://news.sky.com/story/818070/pompeii-gladiator-training-centre-collapses

www.ingramcontent.com/pod-product-compliance
Lightning Source LLC
Chambersburg PA
CBHW031239050326
40690CB00007B/872